U0877940

不法原因给付与财产犯罪研究

Ius est ars boni et aequi

黄　辰——著

法律出版社 LAW PRESS · CHINA
——北京——

图书在版编目(CIP)数据

不法原因给付与财产犯罪研究 / 黄辰著. -- 北京 :
法律出版社, 2023
ISBN 978 - 7 - 5197 - 8338 - 9

Ⅰ. ①不… Ⅱ. ①黄… Ⅲ. ①侵犯财产罪-研究-中
国 Ⅳ. ①D924.354

中国国家版本馆 CIP 数据核字(2023)第 180672 号

不法原因给付与财产犯罪研究
BUFA YUANYIN JIFU YU CAICHAN FANZUI YANJIU

黄 辰 著

策划编辑 似 玉
责任编辑 似 玉
装帧设计 臧晓飞

出版发行 法律出版社
编辑统筹 法律应用出版分社
责任校对 朱海波
责任印制 刘晓伟
经　　销 新华书店

开本 710 毫米×1000 毫米 1/16
印张 12.75 **字数** 183 千
版本 2023 年 9 月第 1 版
印次 2023 年 9 月第 1 次印刷
印刷 北京建宏印刷有限公司

地址:北京市丰台区莲花池西里 7 号(100073)
网址:www.lawpress.com.cn
投稿邮箱:info@lawpress.com.cn
举报盗版邮箱:jbwq@lawpress.com.cn
销售电话:010 - 83938349
客服电话:010 - 83938350
咨询电话:010 - 63939796
版权所有·侵权必究

书号:ISBN 978 - 7 - 5197 - 8338 - 9
定价:56.00 元
凡购买本社图书,如有印装错误,我社负责退换。电话:010 - 83938349

目录

导　论

方流芳教授曾对民法和刑法的关系进行过生动描述:“如果说,刑法可以作为一柄锋利的手术刀来革除社会的痈疽,那么民法则可以作为固本培元的良药来使社会保持稳定的生理平衡,促进社会的健康发展。”

不法原因给付作为大陆法系法律制度上重要的组成部分之一,虽然其主要范围大部分都是不当得利、债权、侵权等民法理论范畴,而且在一般情况下仅在民事领域内进行讨论,[1]但此制度所产生的法律后果,却往往对刑法领域内财产犯罪的成立与否具有不可忽视的影响。

一、研究价值

不法原因给付的概念内涵是针对强行法规禁止性规定或公序良俗禁忌而为的给付行为。该法律概念滥觞于罗马法。在不同的历史时期,不同国家与地区皆有不法原因给付的法言法语存

---

〔1〕 参见王泽鉴:《不当得利》,北京大学出版社 2009 年版,第 272 ~ 280 页。

在。例如,罗马法谚[1]、拉丁法谚[2]以及英美法谚"入衡平法庭者,须自身清白"都生动地体现了这一古老的法律传统。

随着人类文明进入成文法时代,大陆法系也都通过成文法典的形式对不法原因给付制度予以了肯定。例如,《法国民法典》第1180条便首先将订立契约的合法原因列为四大合同成立的必备要件之一(其他三大要件为民事行为能力、当事人意思自由与构成权利义务客体的标的)。《德国民法典》也紧随其后在第817条规定,订立合同时,如果给付人违反强制性法规与公序良俗进行给付,给付人丧失返还请求权。在我国台湾地区与日本亦有相似的规定。[3] 目前,虽然我国现行法律中暂无法觅得不法原因给付规定的踪影,但我国《民法典》第8条[4]、第143条[5]、第157条[6]以及《刑

[1] "当实行给付或者允诺是为了他人不实施不道德的和不合法的行为时,可提起'因受讹诈的要求返还之诉'(*condictio obturpem vel iniustam causam*)。如果该债因的可耻性不仅与接受给付方有关,而且同给付方也有关,则不能提起这种要求给付之诉。在这种情况下,被给付标的之占有者获胜"。参见[意]彼得罗·彭梵得:《罗马法教科书》,黄风译,中国政法大学出版社1992年版,第399页。

[2] "不道德原因不生诉权"(*exturpi causa non oritur action*)、"双方不道德时,占有人不占优势"(*inpari urpitude melion est condictio possidentis*)。参见郑玉波:《民商法问题研究(一)》,台北,永裕印刷厂1991年版,第102页。

[3] 《日本民法典》第708条规定,因不法原因而为给付者,不得请求所给付物之返还,但不法原因仅于受领人一方存在时,不在此限。我国台湾地区"民法"第180条规定,因不法之原因而为给付者不得请求返还,但不法之原因仅于受领者一方存在时,不在此限。参见郭研、时方:《不法原因给付之于诈骗罪问题探讨》,载赵秉志主编:《刑法论丛》(第4卷),法律出版社2015年版。

[4] 《民法典》第8条规定:"民事主体从事民事活动,不得违反法律,不得违背公序良俗。"

[5] 《民法典》第143条规定:"具备下列条件的民事法律行为有效:(一)行为人具有相应的民事行为能力;(二)意思表示真实;(三)不违反法律、行政法规的强制性规定,不违背公序良俗。"

[6] 《民法典》第157条规定:"民事法律行为无效、被撤销或者确定不发生效力后,行为人因该行为取得的财产,应当予以返还;不能返还或者没有必要返还的,应当折价补偿。有过错的一方应当赔偿对方由此所受到的损失;各方都有过错的,应当各自承担相应的责任。法律另有规定的,依照其规定。"

法》第59条[1]、第60条[2]、第64条[3]确立了“返还+没收”的处理模式,同样在实体法构建上否定了不法原因委托人和受托人对不法原因给付物的所有权。由于不法原因给付的行为人往往是因违反强制性法律而造成返还请求权(所有权)灭失的民事法律后果,那么针对给付物所进行的财产犯罪是否成立就成为问题,即民法不保护的“财物”,刑法是否保护?例如,甲到某地购买毒品,因当地治安不好,为防止被抢,便将买到的毒品或毒资放在亲戚乙家进行寄存,3日后甲找乙索要毒品或毒资时,乙拒不承认。乙是否构成侵占罪?或者,A欲向国家工作人员行贿,将财物委托给B转交,而B将财物据为己有,B可否构成侵占罪?又如,行为人谎称自己具有特殊关系,持有国家统一法律职业资格考试的答案,被害人信以为真交付财物上当受骗,行为人是否构成诈骗罪?再如,行为人针对违禁品进行侵财行为的场合,该行为人是否构成相应的财产犯罪?以上各个问题的解答,都离不开对不法原因给付制度的深入研究。

二、研究现状

(一)理论误区

理论上,无论是民事领域还是刑事领域皆对以财产为对象的侵害行为进行了法律规制。不法原因给付行为的法律后果不仅直接影响财产法律属性的认定,而且波及民法与刑法的共同概念——“财产”的理解与适用。在民法层面,以原因理论为中心的契约成立要件研究在我国尚处于启蒙阶段。理论上虽已有学者将研究重点转移于此,但在立法上仍属

---

[1] 《刑法》第59条规定:“没收财产是没收犯罪分子个人所有财产的一部或者全部。没收全部财产的,应当对犯罪分子个人及其扶养的家属保留必需的生活费用。在判处没收财产的时候,不得没收属于犯罪分子家属所有或者应有的财产。”

[2] 《刑法》第60条规定:“没收财产以前犯罪分子所负的正当债务,需要以没收的财产偿还的,经债权人请求,应当偿还。”

[3] 《刑法》第64条规定:“犯罪分子违法所得的一切财物,应当予以追缴或者责令退赔;对被害人的合法财产,应当及时返还;违禁品和供犯罪所用的本人财物,应当予以没收。没收的财物和罚金,一律上缴国库,不得挪用和自行处理。”

空白。现行法律规定中勉强沾边的仅是一些类似“以合法形式掩盖非法目的”的模糊规定。这种模糊规定不但无法指引司法实践的运行，还会扰乱正常的司法秩序[1]。在刑法层面，因违反强制性法规与公序良俗而给付的财物能否成为财产犯罪侵害的对象，长期以来刑法理论界一直存在争议。在侵占罪、诈骗罪等典型财产犯罪中，委托关系、错误处分等规范构成要件要素的判断皆有赖于民法理论的加持。然而可惜的是，近年来我国学者对于该问题的研究，大多依然停留在外国判例梳理和学说介绍上。这种缺乏中国语境转换的学术研究，使得我们对于该问题的理解更多是一种雾里看花终隔一层的感觉。究其原因，多半是由于我国民法学界对于合同行为成立要件研究的忽视。[2]

实际上，我国民法是否承认不法原因给付无返还请求权是讨论这一刑民问题逻辑前提。众所周知，无论是原《民法通则》还是《民法典》，现行立法规范中并无不法原因给付的规定。因为合同行为的原因不法而形成的民事法律关系，采取的是“无效 + 没收”的民事效果加以处理。无返还请求权并非“法定”民事归责范畴。然而，民事法律条文上的无迹可寻，并不意味着我国民法就不承认不法原因给付无返还请求权这一法理上的合理诉求。“无效”与“没收”两者之间，实际上存在巨大的法律灰色空间。“无效”意味着民事法律行为自始无效，民事法律行为人双方应返还因法律行为而获得的利益，同时应尽可能地将财产、财物关系恢复到行为之前的原始状态。如果不能恢复且造成损害，也应当进行赔偿。而“没收”则是典型的行政处罚，该行政处罚常常针对的是违反强制性法规的行为，属于公权力介入公民私权利，有着严格的行政程序。当某一

---

〔1〕 参见谭启平：《不法原因给付及其制度构建》，载《现代法学》2004 年第 3 期。

〔2〕 参见刘明祥：《论侵吞不法原因给付物》，载《法商研究》2001 年第 2 期；童伟华：《日本刑法中“不法原因给付与侵占”述评》，载《环球法律评论》2009 年第 6 期；王昭武：《日本刑法中侵占盗窃赃物或销赃所获价款的行为与侵占罪》，载《山东警察学院学报》2005 年第 4 期；王骏：《不法原因给付问题的刑民实像——以日本法为中心》，载《法学论坛》2013 年第 3 期；李齐广、谢雨：《论刑法中的不法原因给付与侵占罪》，载《政治与法律》2010 年第 5 期；陈灿平：《谈侵占罪中刑民交错的两个疑难问题》，载《法学》2008 年第 4 期；王钢：《不法原因给付与侵占罪》，载《中外法学》2016 年第 4 期。

给付财物的行为因违反强制性法规而恶意损害国家、集体或者第三人利益时,该财物应当被"没收";但是如果在"没收"程序启动之前,该财物即遭到了不法侵害,此时该"财物"的法律属性仍处于法律的灰色地带。这是因为,"无效"的民事法律后果很难涵盖违反强制性法规而应当被没收的财物上。若硬要进行"无效"认定后再启动"没收"程序,一来不经济,二来不利于财物状态的稳定。例如,行贿人委托他人转交行贿款时,被委托人"见利忘义"侵吞行贿款的行为。行贿款应当被"没收",但是该款项在"没收"程序启动之前即遭到侵害。对于该行贿款的民法认定同时也不能简单地以"无效"一判了之。因此在民事上,不法原因给付所形成的无返还请求权,则在理论与逻辑上弥补了"无效"与"没收"之间的法律空白,使得给付财产的法律属性迅速地稳定下来,为财产的保护奠定了基础。其实,这种虽然未在实定法上进行规定,但却在理论中普遍加以承认的法律规则或原则并不少见。例如,《日本刑法典》并未明确规定罪刑法定原则,但并不影响理论界和司法实务界对该原则的承认与贯彻。就我国而言,大量的目的犯、片面共犯等刑法上普遍承认的原理或犯罪类型,在法律规范中也很难找到只言片语,但是仍然不影响我们在逻辑上的推演和承认。

（二）立法误区

在民事立法中,我国现有制度则是采用民事法律无效代替不法原因给付。从民事法律无效的法律后果来看,则又可细化为两种。一种为一般原因无效,双方当事人返还所得利益,财产、财物关系恢复原状。另一种为特殊原因的无效。该无效往往是行为人主观上恶意串通,进而损害国家、集体或者第三人利益造成的。法律效果上则表现为对于所得利益进行没收或返还。实际上通过比较不难看出,在引起不法原因给付与民事法律行为无效的原因上,两者并不一致。换言之,就原因的覆盖范围而言,民事行为无效不但包括违反强制性法规和违反公序良俗,还包括一般的合法的法定原因。因此,导致民事行为无效的原因范围要大于不法原因给付。就法律效果的种类而言,不法原因给付所导致的法律效果仅有给付人丧失财物的返还请求权。而无效的民事法律行为,除了行为人因没收程序的启动而丧失返还请求权外,还有恢复原状这一法律效果。因此,导致民事行为无效的法律后果依然要比不法原因的种类多。那么问题是,既然引起民事行为无效制度范围广且民事法律效果也多于不法原因给付,能否直接用我国的民事行为无效制度来代替不法原因给付呢?答案显然是否定的。原由有三:其一,能够引起民事行为无效的原因广泛,合法的、违法的皆是构成民事行为无效的主要原因。即使诸如《民法典》对无效民事行为作出了初步限制,但由于法律概念的抽象性,司法执行者仍容易陷入主观的恣意判断。其二,没收程序的对象,虽然仅包括恶意串通危害第三方利益的情况,如果要做限定就是仅在违反强制性法规的场合中才允许启动强制没收程序,但是即使在引发没收程序的原因上做了具体限定,财产没收的对象仍然有范围过大的风险。例如,没收的对象不但包括违反强制性法规给付的财物,还包括给付行为未实施的将要给付的财物。这种做法实际上对既有的物权制度、债权制度造成不小的挑战〔1〕。其三,将民事无效行为中没收的法律后果与不法原因给付中不予返还的法律后果混同,打破了本来就脆弱的公私法之间的界限。将违反强制性法规给付的财物予以没收,虽然规避了"不法即合法"的理论矛盾,但其所带来的公权力对私权利的干涉的风险也值得警惕。毕竟民事无效制度作为一个典型的平等主体之间的法律制度,以没收代替丧失返还请求权总有些刻舟求剑之感。在理论界已公认民事责任、行政责任以及刑事责任应当严格区分的今日,再将作为承担行政责任与刑事责任手段的没收强制加入民事责任中,实有不妥。〔2〕虽然这一问题在2017年的《民法总则》(已失效)中已有所修正,但仍未彻底予以纠正,着实令人遗憾。

不法原因给付刑法评价的教义学前提,实质就是如何看待法秩序统

---

〔1〕 参见洪学军:《论不法原因给付》,载《河北法学》2003年第3期。

〔2〕 参见覃远春:《论不法原因给付向自然债的适度转化——兼谈我国民法对二者的规定与完善》,载《前沿》2011年第15期。

一的问题。实际上法秩序统一理论自从被学者提出之后,就始终存在应然和实然两种不同的形态。在应然层面中,法秩序统一理论面临的是应当或不应当被支持和认可的问题。随着我国制定法的不断完善,整体上我国形成了以《宪法》为中心,《民法典》、《刑法》、行政法等各个部门法分工配合的法秩序,且就立法主体而言,无论是作为万法之母的《宪法》,还是《民法典》、《刑法》、行政法等主要部门法,皆为我国最高权力机关——全国人民代表大会所制定。因此,法秩序统一理论基本在制定法上已经被认可。在理论上,法秩序统一理论自诞生以来,就作为调和各部门法之间以及各部门法内部矛盾的解释论上的正当化依据,而被学者广泛地引用。也正是以承认法秩序统一理论为前提,学者们才有可能成为浩如烟海且各个生涩难懂的法条之间的润滑剂,以求平衡各个不同部门法之间的利益冲突。在实然层面,由于各个部门法的调整范围、立法目的以及规制手段皆有所不同,法秩序中存在大量的冲突规范在所难免。支持和认可法秩序统一理论,并非就是必然不能容忍法秩序当中的任何矛盾与冲突,法秩序统一理论在实然层面所面临的问题就是,其在多大限度内能够容忍法秩序中的矛盾与冲突的问题。当然,实然层面中的问题解决,也以承认法秩序统一理论为前提。

(三)司法误区

司法上,我国之所以长期对不法原因给付制度缺乏相应的关注,是由于历史上受到苏联等社会主义国家的影响。在这些国家中,私有制度被消灭,共有公有制度下的生产资料分配,并没有私法存在的经济土壤。公权力对于私权利的干涉也日渐常态化。虽然目前我国所有制早已变革,但立法的相对滞后性,使以公法手段处理民事问题的扭曲司法现状并未得到明显的改善。现实中,纯粹的民事关系的案件,司法人员惯性使用没收等公法手段任意处理的情况并不在少数。[1] 在司法审判中,司

〔1〕 参见扈玉龙:《不法原因给付的法理基础与规则设定》,西北师范大学 2011 年硕士学位论文。

法者往往根据“不法”的程度来确定行为人所承担的法律后果。如果是比较明显的违反强制性法规,往往一方面认为不法原因给付的财物应当予以没收,另一方面不承认给付者的返还请求权的存在。例如,行贿人用于行贿的贿赂款。如果行为人没有违反强制性法规,则往往肯定行为人对于给付的财物拥有返还请求权。例如,行为人为了维持不正当的男女关系,而主动赠送婚外第三人钱财,后因各种原因反目成仇,决定要回钱物,起诉到法院后,法院对其财产返还请求权进行了确认。[1] 但是“不法”的程度往往依托于法官们的内心确信,并无统一标准可言,因此就给司法恣意留下了空间,极易造成以下几种风险:第一,同案不同判。在法官形成自由心证过程中,对于“不法”程度的问题极难把握。因此使法官在适用具体法条的过程中很容易因人而异。正如德国宾丁(Binding)所言,“如果在一国范围内同一的且实质上处于统一文化背景的国民认为,同样的犯罪行为在此处被允许而在彼处被禁止,在此处被严厉惩罚而在彼处被轻缓对待,在此处犯罪被宣布为违法而在彼处则属于合法,那么法律的公正和神圣的信念就会发生动摇”[2]。第二,这种同案不同判的司法实践,对司法判决准确化、标准化极为不利,同时无法发挥司法审判对行为的引导功能。法官自由裁量的前提是精准定性,实际上法官的自由裁量权并不是不受限制的。法官仅能对记述的构成要件要素进行自由裁量,而对于规范的构成要件要素应严格进行法律所要求的评价。实际上对于因违反强制性法规和公序良俗而给付的财物,在评价上应遵循先定性后裁量的逻辑顺序。换言之,应先确定民事责任、行政责任抑或刑事责任归属,再确定“不法”的程度大小。不能本末倒置,逻辑混乱。第三,司法效果大打折扣。以上述案例为例,一审法官认为行为人的行为是对健康法秩序的严重违反,“不法”程度不可谓不重,因此直接判决将不法原因行为人给予婚外第三人的财产予以收归国有。

---

〔1〕 参见郭晓红、徐光华:《不法原因给付与侵占罪——基于实践中典型案件同案异判所引发的思考》,载《厦门大学法律评论》2013 年第 1 期。

〔2〕 Binding, *Handbuch des Strafrenchts*, Erster Band, 1885, S. 47.

如此一来不但出轨人和婚外第三人受到了法律制裁,而且还牵连了妻子的合法财产。一审判决的效果差强人意。到了二审法院,法官则认为行为人的行为仅违反了社会上的善良风俗,“不法”程度并没有想象的那么严重,因此改判婚外第三人返还得到的相关财产。姑且不论判决的对错如何,对于同一个案件,两审法院作出如此大相径庭的判决结果,其社会效应可想而知。[1]

三、创新之处

本书的创新之处主要有以下几个方面,既有对现有理论的整理和分析,也有笔者对解决不法原因给付所涉及的民刑交错问题之新路径的尝试与创新。

首先,选题新颖,论证系统。本书所选择的不法原因与财产犯罪论题是长期以来司法实践经常会遇到的问题。然而,从目前所收集的法院判例来看,部分法院在该类型案件中,并未显示出可靠的规律性,判决结果前后矛盾,同案不同判问题比较突出,大大影响了司法审判作为公民行为规范指引功能的发挥。从目前的研究来看,虽有少部分学者或硕士毕业论文对该论题有所研究,但限于期刊篇幅或硕士毕业论文的字数,无法准确且系统地涵盖不法原因给付与财产犯罪这一涉及民刑关系、法秩序统一、违法性判断标准、财产犯罪法益保护等宏观的理论问题。本书作为国内第一部研究不法原因给付与财产犯罪的专著,在一定程度上弥补了该论题在系统性论证上的不足。

其次,对于民刑交错问题的分析路径具有原创性。传统上对于犯罪构成理论的理解倾向于在构成要件该当性阶段进行实质性判断,而对违法性和有责性只进行形式性判断。也就是说,当某一行为的所有要素符合刑法所规定的犯罪时,那么该行为就应当被认定为犯罪,除非有法律

---

〔1〕 参见陈莺:《试论不法原因给付制度在我国建立的必要性——以因婚外情而为的给付为视角》,载《黑河学刊》2009年第7期。

所规定的违法阻却事由与责任阻却事由。这种仅对构成要件该当性进行实质判断的分析路径,在遇到民刑交叉问题时容易形成选择困难,陷入民刑关系的旋涡中不能自拔。本书采取构成要件该当性与违法性评价双实质的判断标准,将民刑关系的判断纳入刑事违法性判断中。一方面,在构成要件该当性中尽可能保证刑法对法益保护的刚性需求;另一方面,可以减少民刑两大部门法在法秩序上的矛盾。

最后,对民刑交叉问题的司法案件处理提供了具体的技术指引。本书对受托转交行贿款的"截贿"行为,赃款赃物的侵占罪行为,非法骗取不法原因给付的财物、财产性利益的行为,非法取得违禁品的行为展开了详细的教义学构罪分析。

第一章　不法原因给付刑法评价的逻辑前提

不法原因给付虽然是国外法学的舶来品，但是该概念所表示的因违反强制性法规与公序良俗而为的给付则是中外社会生活中共有的法律现象。一般而言，刑法评价的逻辑前提为不法原因给付在我国民法中的不可或缺性。然而，作为一个国外民法学理上的概念，不法原因给付在我国民事法律规范上并未有明确的规定。这是否意味着，我国民法理论并没有不法原因给付概念的一席之地？问题的答案必须从我国民事法律规定中去寻找。

第一节　我国不法原因给付民事法律效果规定

既然不法原因给付法律现象是中外社会的共有现象，那么我国的民事法律是否应当对违反强制性的给付与违反公序良俗的给付进行法律上的规制？如果回答是肯定的，则需要进一步研究所规定的法律效果是否能够涵盖全部的不法原因给付的行为类型。与此同时，法律效果往往与一个法律概念设立的基本目的保持高度的一致性，法律效果设置的好坏也与目的实现息息相关。

一、"返还+追缴"二元模式的规定

原《民法通则》第55条[1]、第58条[2]对民事行为违反法律、公共利益的效力作出了规定，第61条[3]对民事法律后果作出了具体的规定。在原《民法通则》实施将近30年后，为了应对社会不断变化的新形式，原《民法总则》由中华人民共和国第十二届全国人民代表大会第五次会议于2017年3月15日通过，自2017年10月1日起施行。原《民法总则》在承继原《民法通则》相关制度的基础上，又有重大的理论创新，其规定具备体系性与合理性。[4] 然而依然没有对不法原因给付进行立法确认。原《民法总则》第8条[5]与第143条[6]，再一次明确了民事行为合法性在民事法律关系创设中的核心地位，并由该法的第153条[7]、

---

[1] 原《民法通则》第55条规定："民事法律行为应当具备下列条件：(一)行为人具有相应的民事行为能力；(二)意思表示真实；(三)不违反法律或者社会公共利益。"

[2] 原《民法通则》第58条规定："下列民事行为无效：(一)无民事行为能力人实施的；(二)限制民事行为能力人依法不能独立实施的；(三)一方以欺诈、胁迫的手段或者乘人之危，是对方在违背真实意思的情况下所为的；(四)恶意串通，损害国家、集体或者第三人利益的；(五)违反法律或者社会公共利益的；(六)以合法形式掩盖非法目的的。无效的民事行为，从行为开始起就没有法律约束力。"

[3] 原《民法通则》第61条规定："民事行为被确认为无效或者被撤销后，当事人因该行为取得的财产，应当返还给受损失的一方。有过错的一方应当赔偿对方因此所受的损失，双方都有过错的，应当各自承担相应的责任。双方恶意串通，实施民事行为损害国家的、集体的或者第三人的利益的，应当追缴双方取得的财产，收归国家、集体所有或者返还第三人。"

[4] 参见张鸣起：《〈中华人民共和国民法总则〉的制定》，载《中国法学》2017年第2期。

[5] 原《民法总则》第8条规定："民事主体从事民事活动，不得违反法律，不得违背公序良俗。"

[6] 原《民法总则》第143条规定："具备下列条件的民事法律行为有效：(一)行为人具有相应的民事行为能力；(二)意思表示真实；(三)不违反法律、行政法规的强制性规定，不违背公序良俗。"

[7] 原《民法总则》第153条第1款规定："违反法律、行政法规的强制性规定的民事法律行为无效，但是该强制性规定不导致该民事法律行为无效的除外。"

第 157 条[1]对无效法律行为及其法律后果加以规制,进而形成了民事法律关系的创设不得与强制性法规、公序良俗相冲突的民事法律规范,如果产生抵触则直接导致民事法律行为无效的法律后果。

值得注意的是,原《民法总则》并未像原《民法通则》那样把无效民事法律行为的法律后果以国家没收追缴的方式予以规定,并且有意回避了国家、集体等法律概念。究其原因,一方面是由于原《民法总则》第 2 条确定了作为私法之本的民法,调整的对象应仅限于具有平等法律地位的主体之间。原《民法总则》再把国家、集体等法律概念加入,人为地制造了不平等性,与现代民法发展理念不符。另一方面是由于立法技术的精细化。2017 年的《民法总则》并未将具有明显公法属性的没收程序纳入私法体系,但根据其第 157 条无效民事法律行为的法律后果的后半段"法律另有规定的,依照其规定",依然可以从我国《刑法》第 59 条、第 60 条以及第 64 条找到处理无效合同时"返还 + 没收"处理方式的法律依据。这样一来,既保证了《民法总则》调整关系的平等性,又优化、精简了法律。2020 年《民法典》的制定中,依然延续了 2017 年《民法总则》的修订模式。

因此,"从我国民事立法可以看出,我国现行法律并没有规定不法原因给付制度,相关概念本身也无法从法律条文中获得,但其所体现的精神与原理可以间接通过无效行为制度来实现"[2]。

二、不法原因给付规制的目的探究

对于不法原因给付行为,以不得请求返还或者国家依法没收或追缴为法律后果的规则设立目的的探究,有助于澄清解释疑义以及适当控制

---

〔1〕 原《民法总则》第 157 条规定:"民事法律行为无效、被撤销或者确定不发生效力后,行为人因该行为取得的财产,应当予以返还;不能返还或者没有必要返还的,应当折价补偿。有过错的一方应当赔偿对方由此所受到的损失;各方都有过错的,应当各自承担相应的责任。法律另有规定的,依照其规定。"

〔2〕 郭研、时方:《不法原因给付之于诈骗罪问题探讨》,载赵秉志主编:《刑法论丛》(第 4 卷),法律出版社 2015 年版。

其使用范围。以下对学界普遍存在的几种观点予以探究:

(一)惩罚说

惩罚说(Strafegedanke)将不法原因的给付人丧失对财物的返还请求权视为对其违反法律规定的惩罚。该观点最初由德国的判例所采用,但鉴于此说广受批判而渐渐失势。

究其原因有以下三点:其一,惩罚说在功能属性上与作为民法制度的不法原因给付并不匹配。即使抛开公法、私法之分,那么惩罚说仅对受领方一方具有惩罚作用的情况,很难说是对民事不法行为进行了贯彻性的惩罚。因为作为受领方的不法性,依然很明显。[1] 其二,混淆了刑事责任与民事责任的界限。众所周知,刑事责任的启动必须以齐备的犯罪构成要件为前提,而并不是所有的不法原因给付行为皆是犯罪行为。同时,按照刑事责任主义的要求,刑罚的轻重应根据不法的程度有所体现;反观作为不法原因给付法律后果的返还请求权的丧失并没有体现这一根本原则,而仅仅是对民事权利的一种否定式表达。[2] 其三,从公平的角度来看,因不法之原因的给付而发生的财物流转,在其流转的过程中财物在哪一方手中,实际上是纯粹的耦合事件。从对强制性法规和公序良俗的违反来看,无论是给付人还是受领人,其主观违法性皆相当明显。如此一来,惩罚说便无法解释为何通常仅对给付人进行惩罚,而对受领人却网开一面,甚至因此而受益。[3]

(二)司法保护说

随着司法资源的日益紧张,在20世纪中期有学者试图从日益增长的案件量与有限司法资源的调和角度出发,进一步解释不法原因给付制度背后所隐藏的真实立法目的。[4] 该说观点认为:如果不法原因给付人

---

〔1〕 参见王泽鉴:《债法原理》(第2册),中国政法大学出版社2002年版,第119页。

〔2〕 Vgl. Heck, *Die Ausdehnung des § 817 S. 2 auf alle Bereicherungsansprüche*, AcP 124, 1925, S. 57.

〔3〕 Vgl. Honseü, *Die Rückabwicklung sittenwidriger oder verbotener Gesch. § fte*, 1974, S. 58 f.

〔4〕 Vgl. OGHZ 4, 57(60).

在给付行为发生后，仍具有给付之财物的返还请求权，同时司法机关又对该权利进行保障，无疑会对司法机关先前所创设禁止性规定产生极大的挑战，直接对其正义形象和司法尊严造成贬损。在本来就已经入不敷出的情况下，再将有限的司法资源去投入有意违反法律之人的保护上，无疑是对司法资源的浪费。因此，通过不法原因给付制度，对紧张的供需矛盾进行调和，才是不法原因给付制度设立的真实目的。[1]

司法保护说自产生之日起便面临着以下诘问：第一，论证的逻辑混乱，顾左右而言他。司法保护说将司法对不法原因给付之财物的保护视为司法体系的风险之所在，其认为如果允许给付人行使返还请求权，无疑是对法秩序的再一次违反。然而，实际上即使没有不法原因给付制度的存在，按照现有民法中的不当得利制度，亦能推导出返还请求权的存在。因此，从实体法的角度来讲，在不法原因给付不存在的情况下，法院判处受付人将财产予以返还，不存在违法的嫌疑。恰恰是由于不法原因给付制度的存在，法院仍然再强行判处将财产予以返还，反而构成违法。换言之，正是由于不法原因给付的存在，才产生了给付人丧失返还请求权的法律效果，而此种法律效果的适用完全是依法行事。第二，该论者声称不法原因给付能够起到减少诉讼的效果，进而为紧张的司法资源减压；然而，就实际效果而言，基本都是论者的一厢情愿。这是因为，涉及不法原因给付的案件往往比一般的民事案件更为复杂，司法机关需要进行审慎的判断，抽丝剥茧才能真正地完成一次对不法原因给付行为的认定。事实上，在这个过程中就已经消耗了大量的司法资源。从这个角度来看，司法保护说的支持者所宣称的不法原因给付制度是为了节省司法资源的观点其实并不成立。[2]

（三）拒绝保护说

拒绝保护说（Theorie der Rechtsschutzverweigerung）则认为，给付人

---

〔1〕 Vgl. KLöhn, *Die Kondiktionssperre gem. § 817 S. 2 BGB beim beidseitigen Gesetzes—und Sittenverstoß*, AcP 210, 2010, SS. 804, 818 f.

〔2〕 参见王钢：《不法原因给付与侵占罪》，载《中外法学》2016 年第 4 期。

的违法给付行为是对法秩序的公然挑战，其行为本身就是主动地将自己置身于法秩序的保护之外。因此，对于该类行为实无进行司法救济的必要。“禁止主张自己之不法”和“不洁净手”的抗辩等原则的司法运用就是该学说的直接体现。[1] 此说兴起于20世纪50年代，之后便一直成为大陆法系国家不法原因给付制度的主流观点。而且据此得出，违反强制性法规与公序良俗的给付行为之所以形成丧失返还请求权的效果，是基于任何人不得以自己的不法行为而主张弥补自己损失的基本原则。

尽管拒绝保护说较惩罚说可采且获得了普遍的支持，但亦难称圆满。首先，拒绝保护原则其本身作为法律原则逃脱不了外延过大、抽象笼统的宿命。若以法律原则作为不法原因给付制度的目的，很可能隐藏了不法原因给付制度的真实目的。而且，原则的适用远不如规则等下位概念对具体案例的指导意义，更无法对不法原因给付的适用的范围加以进一步明确。[2] 其次，在现代法治社会中，依法治国已成为全世界的共识，法律已融入社会的方方面面，司法应承担起社会对于公平、正义的社会需求，将不法原因给付“一刀切”地拒绝保护，不免有自我设限之感。[3] 例如，谎称自己是毒贩持有大量毒品，诱骗被害人前来交易，在交易之时对被害人原本用来购毒所用的金钱进行抢劫的，虽然被害人的钱款为购买毒品而准备，属于典型的不法原因给付物，但其钱款仍然受法律保护，因此应构成抢劫罪。最后，该说仍未解释法律效果失衡的原因。给付人与受付人在不法的程度上可谓不分伯仲，两者在交易时，应该认定为一同将自身置于司法保护之外，而绝对不可能存在一人在外而另一人在内的情形。那么为何受付人独享法律的青睐，而最后获益？这样的质问，无法通过因为造成这样的结果是无法避免的无奈之举所以“只好如此”和“没有办法”等来回应和辩解。[4]

---

[1] 参见马志锰：《不法原因给付之研究》，台湾大学1968年硕士学位论文，第11页。
[2] 参见王钢：《不法原因给付与侵占罪》，载《中外法学》2016年第4期。
[3] 参见王泽鉴：《债法原理》（第2册），中国政法大学出版社2002年版，第120页。
[4] 参见王钢：《不法原因给付与侵占罪》，载《中外法学》2016年第4期。

（四）一般预防说

针对上述三种学说的缺陷，德国学者卡纳里斯（Canaris）提出了一般预防说（Ceneralprävention）。该学说从德国的实际立法出发，认为不法原因给付制度的根本目的在于其承担起了侵权行为法的一般预防的功能，能够有效预防不法原因给付行为进一步发生，大大降低违法行为发生的概率。[1] 远在日本的学者谷口知平教授亦认为，应就法律关系全体进行考察，综合考虑当事人的利益平衡。对违法行为的预防效果的好坏等进行评估后，再进一步确定是否考虑适用《日本民法典》第708条剥夺给付人的返还请求权。具体而言，要对不法行为的强弱、不进行司法保护的苛刻性、信赖关系破坏的严重程度等多个方面综合进行考虑。例如，他认为，在为行贿而将金钱寄托给中介人时，应认可给付人的返还请求权。其一可以将犯罪消灭在萌芽之中，其二也可以满足社会对公平和诚信的需要。[2] 此类观点都是将一般预防作为不法原因给付最初设立的目的，即通过不予返还的惩罚性措施，预防不法行为的发生。

我国学者王钢较早地在国内对一般预防说进行了支持。就惩罚说针对已发生的不法行为进行处罚而言，一般预防说则是针对未来将要发生的违法行为进行预防从而避免了与刑法基本原理的正面冲突。就司法保护说而言，一般预防具有普遍的实用性，而且也无论证过程的逻辑漏洞。与拒绝保护说相比，一般预防说本身就是作为目的而存在的，比拒绝保护之类的抽象原则，更能够对现实中的具体案件进行解释和使用，强化不法原因给付制度作为立法政策上的正当性。[3] "一般预防说从实质上诠释了不法原因给付制度的内在依据，也使得基于一般预防的

〔1〕 其主要论点为从事违反良俗的行为本身多不具刑事处罚性，若无《德国民法典》第817条第2项的规定，将不受制裁。违反法律强行性规定的行为不多，违反行政秩序，虽须支付罚款，但可纳入成本，低于其所获得利益。《德国民法典》第817条第2项的规定具有辅助预防行为违反良俗或法律强行规定，相当于侵权行为法一般预防功能。Vgl. Larenz/Canaris, *Schuldrecht* Ⅱ/2. S. 162f.

〔2〕 谷口知平『不法原因給付の研究（第3版）』（有斐阁，1970年）213、199、215頁参照。

〔3〕 参见王钢：《不法原因给付与侵占罪》，载《中外法学》2016年第4期。

考量对不法原因给付制度进行目的性解释成为可能。"[1]英美法系中亦有人从一般预防的威慑力论证其理论的合理性。公共政策的利益衡量判断一直都是英美法系判断合同违法与否的重中之重。法官往往通过对合同的"无效"化处理,来彰显法律对于公共利益的重视。只要对违法当事人宣称其违法行为将导致诉权的消灭,便能够有效地震慑违法行为人,[2]同时对潜在的违法行为人进行预防。因此,将惩罚与震慑纳入预防的立法政策中,两者的有效互相作用,将进一步浇灭违法行为人的违法"热情",斩断不法行为的原生动力,进而有效预防新的不法行为的发生。[3]

综上所述,一方面,一般预防说形成时间较晚,可以充分地利用后发优势,立足于弥补其他学说的缺陷;另一方面,无论是惩罚说、司法保护说还是拒绝保护说,都是通过"剥夺不法原因给付行为人的返还请求权"来实现防止不法交易这一根本目的,可谓是殊途同归。从刑罚机能的角度来讲,现代刑罚的最终目的在于社会预防。刑法理论上将针对犯人方面的刑法机能称为"积极的预防",是针对犯罪行为人的特别预防(Spezialprävention),以期发挥惩治犯罪人之恶性,预防其再犯。此外,针对一般的社会大众,刑罚的作用在于警示社会一般群众,使之有所忌惮,而不敢以身试法,理论上称之为一般预防(Generalprävention)或"消极的预防"。就刑罚一般预防的机能而言,其重要的作用在于预防犯罪的发生。这与民法中的不法原因给付中的一般预防说如出一辙,其根本目的在于防患于未然。另外,就刑罚的一般预防而言,其消极性与积极的特殊预防之间最大的区别在于,一般预防并不以犯罪行为的实施或成立犯罪为前提。这也为刑罚一般预防与作为民事制度的不法原因给付寻找

---

〔1〕 王钢:《不法原因给付对于认定财产犯罪的影响——立足于财产概念与"非法"占有的考察》,载《法学家》2017 年第 3 期。

〔2〕 See Juliet P. Kostritsky, *Illegal Contracts and Efficient Deterrence: A Study in Modern Contract Theory*, Iowa Law Review, Octo-ber, 1988, pp. 115 – 163.

〔3〕 参见李爱平:《英美违法合同禁止返还规则的例外》,载《环球法律评论》2013 年第 6 期。

到了最大的公约数,具有讨论的合理性与合法性。因此本书也从一般预防的视角出发去理解以及构建民刑交叉领域下的不法原因给付制度。

第二节 不法原因给付民事法律效果比较考察

将不法原因给付所导致的民事法律效果进行对照比较,对于梳理其历史的变迁,横向对比我国不法原因给付法律效果的利弊,具有重要的意义。其中大陆法系与英美法系既有共同点,也有显著的区别。细化到两大法系内部,亦具有显著的差异。分析其中产生差异的原因是我们将域外理论本土化的重要方法。

一、大陆法系

不法原因给付制度滥觞于罗马法时代,拉丁法谚有云:“不道德原因不生诉权”(*exturpi causa non oritur action*)、“双方不道德时,占有人占优势”(*inpari urpitude melion est condictio possidentis*)。[1]罗马法首次以具体的返还诉权来调整因不法原因给付行为所带来的法律难题。在当时的法律规定中,将涉及不法原因给付的诉讼分成了两大类(一类为违反强制性法规的诉讼,另一类为违反公序良俗的诉讼),并且分别针对这两大类诉讼规定了不同的法律效果。[2] 拉丁法谚可以说是当时法律制度具体规定的真实写照。此外,《学说汇编》等罗马法文献通过列举的方式对不法原因给付的外延进行了明确化,例如,给证人或法官的贿赂、所支

---

〔1〕 郑玉波:《民商法问题研究(一)》,台北,永裕印刷厂1991年版,第102页。

〔2〕 罗马法中不法原因给付所涉及的返还之诉一共有两种:(1)不法的返还诉。此相当于今日所谓的违反强制性法规而为的给付,具体指一方不法受领他方的给付,因而允许依法追回。(2)不道德的返还诉。此相当于今日所谓的违反善良风俗而为的给付。具体指给付的结果致使受领人的受领与善良风俗、公共道德相悖,无论是积极的行为还是消极行为,只要不道德的事实仅存在于受领一方,就构成不当得利,给付方就可以提起返还诉。如果给付方或双方均有不道德行为,就不属于不当得利。参见周枏:《罗马法原论》,商务印书馆1994年版,第833页。

付的嫖资、教唆他人犯罪而给付的钱款等。[1] 该规定所体现的法理是：任何人都不得将法律秩序与规范弃之一旁，不能从不法的给付中获利。[2] 至此不法原因给付制度的雏形被罗马法确立，并成为日后大陆法系不法原因给付理论发展的开端。

罗马法的精神最早对《法国民法典》产生了极大的影响。《法国民法典》第1108条中明确将债的合法原因列为合同成立的必备要素。在此之前，一个合同行为的成立，仅需要具备主体要素、意思要素以及标的内容即可。鉴于《法国民法典》的历史开创性，即首次以国家立法的形式对商事活动中意思自由进行了限制，因此，《法国民法典》可以说对于不法原因给付制度的构建具有里程碑式的意义。[3] "合法原因"成为合同成立的四大要素之一，并明确规定"不法原因之债，不发生任何效力"。虽然此时的《法国民法典》并未直接将不法原因给付规制成法律条文，但由于在法律上已经将行为的合法性纳入合同成立的必备要素中，因此法国的学说及其判例推导出"不容任何人援用其自己可耻之行为，而有所要求"其实并非难事。这一推论更鲜活地展现在法国的判例中，20世纪60年代，法国最高法院社会法庭支持了性服务组织者对其雇用的女服务员拒付工资尾款的诉求，同时亦认为性服务组织者对其已支付的工资也没有返还请求权。在更早的19世纪末20世纪初，法国法院以同样的缘由判处淫秽场所的买家或者借款给买家购买作为妓院营业场所的借款人以及向已婚妇女提供房屋供其与情夫居住的出借人，对他们所给付的财物丧失返还请求权。[4]

另外，在此处需要说明的是，法国法院对于不法原因给付的财物，原则

---

[1] 参见李永军、李伟平：《论不法原因给付的制度构造》，载《政治与法律》2016年第10期。

[2] 参见王泽鉴：《债法原理》（第2册），中国政法大学出版社2002年版，第119页。

[3] 参见郭研、时方：《不法原因给付之于诈骗罪问题探讨》，载赵秉志主编：《刑法论丛》（第4卷），法律出版社2015年版。

[4] 参见尹田：《法国现代合同法》，法律出版社1995年版，第228、230～231页。

上认定给付人丧失返还请求权，且同时兼具两则例外情形：[1]（1）作为加重惩罚的措施，责令予以返还的。例如，当受付的行为人在合同上既违反道德又具有刑事违法性时，法院可要求受付人返还财物以达到重罚的效果。（2）法院会具体衡量给付人与受付人在交易过程的不法程度的轻重，如果受付人在整个交易过程中其不法程度明显超过给付人，则往往会对给付人的返还主张予以支持。例如，在赌博中存在诈骗或舞弊的情况下，可予以返还。至此，鉴于《法国民法典》的强大影响力，不法原因给付制度相继在大陆法系诸国中确定并进行了立法化。

《德国民法典》第817条规定，给付目的之订立，如使受领人因受领给付而违反法律之禁止规定或善良风俗者，受领人负返还义务。给付人就此项违反亦负责者，不得请求返还。此外，《德国民法典》第762条规定，因赌博所形成的赌债，赌债虽不成立，但不得以赌债不成立为由请求返还。为了规避在交易过程中给付人与受付人双方都存在不法原因，而造成受付人单独受益引发"不法即合法"的逻辑矛盾，德国学界对现行的法律规定作出了部分纠正，在原则丧失返还请求权的基础上，作出了例外的规定。具体有以下几种情形：其一，给付的标的非财物，而是债权的情形；其二，受付人的不法程度超越了给付人不法，在整个交易过程中发挥主要作用；其三，不法目的未实现；其四，交易双方具有代理、委托等信赖关系。[2]

《瑞士债务法》第66条规定，以产生违法或者违反善良风俗的后果为目的的交付，不得返还。与此同时，《瑞士债务法》第513条规定，由博戏或赌博不发生请求权；以博戏或赌博为目的之消费借贷或垫款，差额交易以及交付商品或股票之行为而具有博戏或赌博性质者，亦同。

《日本民法典》第708条规定，因不法原因实行给付者，不得请求返还。但不法原因仅存在于受益人一方时，不在此限。

---

〔1〕 参见尹田：《法国现代合同法》，法律出版社1995年版，第230页。

〔2〕 参见马志锰：《不法原因给付之研究》，台湾大学1968年硕士学位论文，第71页以下。转引自李永军、李伟平：《论不法原因给付的制度构造》，载《政治与法律》2016年第10期。

我国台湾地区“民法”第 180 条规定,因不法之原因而为给付者不得请求返还,但不法原因仅于受领人一方存在时,不在此限。我国台湾地区民法理论界,一直对赌债的性质存在不同的声音。既有认为“赌债非债”,又有认为“赌债为自然债”,总之莫衷一是。同时,在婚外同居给付上,着重考察给付的真实目的,并将其进行区分对待,而不是一概地将其认定为不法原因给付。[1]

《意大利民法典》第 2035 条规定,为了某种目的而实施给付的人,同样构成对善良风俗的违背,不得索取其给付的金额。

《俄罗斯联邦民法典》第 169 条规定,以违反法律秩序的基本原则和道德为目的而实施的法律行为无效。以故意违反法律秩序或道德为目的而订立的双方均存在故意的情况下,如果双方履行了法律行为,则双方依照该法律行为所获的全部所得均应予以追缴,收归国有。

二、英美法系

英美法系国家司法上大多具有很深的判例法传统,因此成文法的发展受到很大的限制。实际上很难在其立法中寻觅到不法原因给付制度相关的成文法规定的踪影。但衡平法中却有着悠久的“清白之手”的原则在案例中被普遍适用的历史。此种“入衡平法庭之人,须自身清白”可与罗马法中“没有人可以从不法中获利”的传统有异曲同工之妙。在程序上,原告如果想在衡平法中获取公平、正义的保障,就必须与一切违反法律与背离道德的行为隔离。从法律渊源上来看,该判例最早发生在 1767 年的 Collins v. Blantern 案[2]中。在该案中,威尔莫特(Wilmot)法官归纳出以下观点:诉讼当事人要求返还不法原因给付之财物而进行诉讼的,即使双方的合同因为违反法律而无效,法院也不应当对该财物进行保护。其中的原因不仅仅只是因为“清白之手”原则致使诉讼当事人

---

〔1〕 参见李永军、李伟平:《论不法原因给付的制度构造》,载《政治与法律》2016 年第 10 期。

〔2〕 (1767) 2 Wils. K. B. 347 at 350,95 E. R. 80 at 852.

诉讼人地位的缺失，更重要的是避免法院不对违法的事情进行保护。这种不干预的策略，使得法院得以在两难的案件中体面抽身，避免了司法尊严的进一步贬损。为禁止返还的正当性提供了更强有力的支持。[1]不难看出，此时的判由更多采取一种类似拒绝保护说的立场。

因此，事实上英美法系国家并未对不法原因给付相关制度进行成文法规制，但"不法约定之契约无效，不得强制执行，已转移之金钱、动产与不动产不得回复原状"[2]的衡平法判例习惯的遵循，使得其在不法原因给付问题的处理上与大陆法系国家没有本质上的区别。随着社会的发展与实际案情的日益复杂，英美法院在处理具体的案例时，往往借助"允许返还"来缓和过于严苛和僵硬的法律适用难题。但诸多证据表明，"禁止返还加例外"的不法原因给付处理模式，仍会在英美法上继续沿用。[3]

另外，在比较法上，以英美法为代表的"约因"(considerration)理论和以大陆法为代表的"原因"理论常常被学者们拿来进行对比。虽然"原因"与"约因"在功能上具有相似性，但彼此仍有较为明显的区别：(1)范围上"约因"理论比"原因"理论小。原因理论将无偿的许诺纳入其范围之内，而约因则将其排除在外。(2)约因理论往往与道德的价值判断不产生任何关联。约因也无法为道德判断提供必要的标准；而原因理论恰恰相反，其产生的目的就是给道德判断提供依据。[4] 然而，正是由于约因理论仅作为一个合同成立的部件而发生作用，在道德判断上却无所作为，其缺陷显而易见。因此英美法又发展出了"不法约定"制度(illegal

---

〔1〕 参见李爱平：《英美违法合同禁止返还规则的例外》，载《环球法律评论》2013年第6期。

〔2〕 杨桢：《英美契约法论》，北京大学出版社1997年版，第316页。

〔3〕 参见李爱平：《英美违法合同禁止返还规则的例外》，载《环球法律评论》2013年第6期。

〔4〕 参见沈建峰、梁颖：《论约因与原因——一个比较法的视角》，载《求是学刊》2005年第6期。

agreement),对其进行弥补。[1] (3)约因理论产生于判例法之中,因此其比原因理论更具可操作性,可以直接指引案件的处理。

与此同时,不仅大陆法系与英美法系在“不法原因给付”之法理机理认识上有所不同,而且英美法内部表现亦有所不同。例如,英国法与美国法在不法原因给付的概念使用上仍有区别。英国法一直秉承将违反强制性法规或普通法的行为与违反公序良俗的行为进行明确区分的传统。前者被称为法律禁止之合同,后者被称为无效之合同。[2] 与此相对,美国契约法经过百年的独立发展,不再区分不法与因违反公序良俗而无效的契约。美国法学界则认为,在民主制度下,公共政策转化成法律之间的途径相对畅通。公序良俗作为公共政策的基础表现形式,代表着大多数公民形成的价值趋向;虽然公共政策并非都是针对公序良俗而形成的,但是作为公共政策应轻易避免与公序良俗产生冲突。因此法律是立法化后的公序良俗,公序良俗是法律的最原始形态,实无将法律与公序良俗进行区分的必要。不管是违法还是违反公序良俗,本质上都属于不法约定。[3] 也就是说,英国法认为不法与违反公序良俗不能等而视之;而美国法则认为,一切违反公序良俗的行为都是潜在的违法行为,没有必要再将两者进行区别对待。

综上所述,滥觞于罗马法时代的不法原因给付,后经过《法国民法典》初创,最后成为德国、日本等大陆法系国家的基础民法制度。不法原因给付的概念的内容和法律后果也渐渐清晰起来,形成了因违反强制性法规或违反公序良俗而强行进行给付财物的行为人,原则上丧失对该财物的返还请求权,在个别例外的情形下允许返还的大陆法系民法制度。无独有偶,英美法系的判例法传统,很难形成不法原因给付制度的成文法土壤,但其不法约定制度却与不法原因给付有异曲同工之妙。两者都

---

〔1〕 参见李永军、李伟平:《论不法原因给付的制度构造》,载《政治与法律》2016 年第 10 期。

〔2〕 参见洪学军:《论不法原因给付》,载《河北法学》2003 年第 3 期。

〔3〕 参见洪学军:《论不法原因给付》,载《河北法学》2003 年第 3 期。

起到了限制合同双方当事人在订立契约时的意思自由的作用。几百年来,不法原因给付制度背后所表现的民事基本法理,仍在各国的司法实践中展现出强大的生命力。[1]

第三节　不法原因给付民法效果解释论归结

无论不法原因给付制度在各国有无明确的立法规定,抑或大陆法系与英美法系的原因理论与约因理论具有的细微区别,诸国都有相应的制度对此做出调整与回应。然而,面对相同的问题在同样的需求下,各国处理该类问题的手段却各有特色。经过分析在其法律效果上主要表现为以下两种基本模式:

一、无返还请求权为原则加例外模式

民法理论认为,请求权是一个技术性权利,在民法体系中具有举足轻重的法律效果。它不同于我们所熟知的物权、债权、人身权,仅仅在以上权利实现不能或者无法实现时,请求权才存在被行使的可能性。更有学者认为:"请求权在权利体系中居于枢纽之地位。因为任何权利,无论其为相对权还是绝对权,为发挥其功能,或恢复不受侵害之圆满状态,均须借助于请求权的行使。"[2]换言之,通过请求权的法律效果,可以激活那些被立法抽象了的具体的当事人、具体的权利义务,从而在规范与现实之间架起了桥梁。

在不法原因给付的情况下,给付人丧失返还请求的权利,受领人则保持该受领物的权利。作为例外规定,如果不法因素的引起仅在受领人一方,则给付人不丧失返还请求权;同时,如果不法因素的发生或引起存

---

〔1〕 参见陈莺:《试论不法原因给付制度在我国建立的必要性——以因婚外情而为的给付为视角》,载《黑河学刊》2009 年第 7 期。

〔2〕 梁慧星:《民法总论》,法律出版社 1996 年版,第 65 页。

在于双方当事人,则给付人丧失返还请求权。采取此种处理的有《德国民法典》第 817 条、《瑞士债务法》第 66 条、《日本民法典》第 708 条和我国台湾地区“民法”第 180 条第 4 款。该处理较为尊重私法自治,但规定在双方当事人均为不法原因而给付时,互相不得请求返还,会产生“不法即合法”的结果。[1]

为此,学者们对于“不返还”这一原则形成了支持与反对两派。反对者认为:其一,当不法给付完成时,不返还的处理方式造成了给付人与受付人在财产关系上的静止状态,双方各自保有其领受的财物,间接地促进了“不法即合法”的逻辑矛盾的产生。其二,在原本是双务合同且一方已经按不法约定履行的场合中,履行一方的合同当事人,其所面临的困境则是既无法要求返还,也无法要求对方履约;然而未履行一方的当事人,不法合同反而是有效的。此种情况使人难以接受。其三,不法约定的双务合同中,实际履行的一方与未履行的一方在违法程度、主观恶性上并无本质的差异,可以说大部分情况下乃是一丘之貉。那么不返还的处理方式除了造成谁先履行谁倒霉的效果外,起不到任何惩罚当事人的作用,与法律的公平性背道而驰。[2] “不返还”的支持者们则认为:其一,不法约定且履行的不法原因给付人,主动将自己排除在法律的保护范围之外,因此也当然不能在自己受到侵害后去寻求法律的庇护(如通过不当得利制度来要回财物,减少损失)。其二,从立法目的的视角来看,该处理方式有利于威慑不法原因给付的发生,提高了违法的成本,使得不法原因给付人一旦进行给付行为,便可能遭受损失,改变了无效合同最多是白干一场的违法心态,让其知道不法给付一经作出便会使自己陷入任人摆布且无法律保护的两难境地,最大限度发挥法律的违法预防

---

〔1〕 参见覃远春:《论不法原因给付向自然债的适度转化——兼谈我国民法对二者的规定与完善》,载《前沿》2011 年第 15 期。

〔2〕 参见[德]海因·克茨:《欧洲合同法》(上卷),周忠海、李居迁、宫立云译,法律出版社 2001 年版,第 238 ~ 247 页;尹田:《法国现代合同法》,法律出版社 1995 年版,第 229 ~ 232 页。

功能。[1] 其三,不返还作为民事责任承担的一种手段,与其他法律责任有显著的不同。表面上看似不法给付的受付人取得了该财物,获得了利益,然而这些并不能阻止其他法律责任对其进行归责。如果给付人或受付人的行为具有行政违法性,则应承担行政责任;如果他们的行为符合犯罪的构成要件,则应当追究其刑事责任。对于不法原因给付的财物,也应当予以没收。[2]

值得注意的是,在以不返还为处理原则的国家之间,对于不法原因给付的概念边界并未形成统一的认识。比较突出的则体现在对赌债的认识上。例如,《德国民法典》第 762 条直接将赌债纳入不法原因给付,赌博或打赌形成的债权债务关系不成立,"赌债非债"即已给付的赌资不受法律保护,不得请求返还;反观法国民事判例,其最初将赌债划归到自然之债的范畴,后来由于自然之债的成立条件限制一直争论不休。最后由法国最高法院一锤定音,将赌债剔除在自然债权之外。而在我国台湾地区,该争论一直处在方兴未艾的讨论中。[3] 通过上述分析不难得出,在不同的国家和地区之间,对于不法原因给付的处理仍具有差异性。即使排除了不当得利制度的适用,仍有不返还或自然债权两种法律框架和解释路径可供选择。虽然两者皆能达到一样的效果,但实际上从民法理论来看,两者所代表的基本原理却大相径庭。[4]

---

〔1〕 参见[德]海因·克茨:《欧洲合同法》(上卷),周忠海、李居迁、宫立云译,法律出版社 2001 年版,第 238 ~ 247 页;尹田:《法国现代合同法》,法律出版社 1995 年版,第 229 ~ 232 页。

〔2〕 参见谭启平:《不法原因给付及其制度构建》,载《现代法学》2004 年第 3 期。

〔3〕 认为赌债应为自然债务,如史尚宽教授、王伯琦教授,参见史尚宽:《债法总论》,中国政法大学出版社 2000 年版,第 3 页;王伯琦:《论自然债务》,载刁荣华主编:《现代民法基本问题》,台北,汉林出版社 1981 年版,第 117 页。支持赌债按照不法原因给付"应该无效而不产生债的关系"的,如王泽鉴教授、郑玉波教授,参见王泽鉴:《民法学说与判例研究》(第 2 册),北京大学出版社 2009 年版,第 94 页;郑玉波:《论赌债》,载《法学丛刊》1976 年第 1 期。

〔4〕 参见李永军、李伟平:《论不法原因给付的制度构造》,载《政治与法律》2016 年第 10 期。

二、国家依法没收或追缴

不法原因给付发生时，国家依据其法律规定对不法给付的财物予以没收。此种处理模式有《奥地利民法典》第 1174 条、《苏联民法典》第 473 条第 4 款、《俄罗斯联邦民法典》第 169 条等。之所以将不法给付的财物以国家权力进行没收，主要是为了对不返还处理方式所造成的"违法即合法"逻辑矛盾的疏解。然而，这种处理模式固然有国家收缴代替不返还，避免不法给付人和不法受付人从违法行为中受益的考虑，但没收程序属于典型的公法处置手段，有公权干涉私权的嫌疑。[1]

另外，鉴于当下我国民事法律并未对不法原因给付进行立法，不法原因给付行为所涉及的内容，往往由我国《民法典》的相关规定确立的"返还 + 追缴"加以处理，因此，便有人认为我国不法原因给付的法律后果也属于没收模式。[2] 然而，笔者不敢苟同，我国现行的不法原因给付物处理模式属于行为无效的返还和恶意串通时的收缴。但是不法原因给付形成的原因要比民事无效的成因范围更小，并不包含民事合法行为。同时，不法原因给付在效果上只有违反了强制性法律且"恶意串通"的情况下，给付物才面临被收缴的风险。对于违反公序良俗的行为，一般不宜公权力进行介入。就这个角度而言，不法原因给付的范围又宽于"恶意串通"的归责范围。因此，在我国现行处置模式中，就存在较大的法律规制空白。[3] 而且我国的处理模式也不能简单地同此类型相提并论。

在我国现行法律中存在不少对违禁品以及违法所得或犯罪工具应当予以没收的规定。例如，《行政处罚法》第 8 条、《治安管理处罚法》第 11 条、《刑法》第 59 条以及第 64 条等。司法实务中一般也把不法原因给

---

〔1〕 参见覃远春：《论不法原因给付向自然债的适度转化——兼谈我国民法对二者的规定与完善》，载《前沿》2011 年第 15 期。

〔2〕 参见肖宝：《不法原因给付在诈骗罪中的处理》，清华大学 2015 年硕士学位论文。

〔3〕 参见李永军、李伟平：《论不法原因给付的制度构造》，载《政治与法律》2016 年第 10 期。

付物认定为没收的对象，将没收直接等同于不法原因给付的法律后果，否定不法原因给付制度的独立价值。但这种观点仍有待商榷。笔者认为不法原因给付的法律后果与没收制度不能简单地等而视之。

两者在以下几个方面具有不同之处：

第一，不法原因给付与没收制度所涉及的公私法律关系不同。设立不法原因制度的主要目的是预防不法原因给付行为的发生，通过调整给付者与受领人之间的财产利益分配以期达到该目的之实现。所涉及的法律关系是公民之间的私人法律关系。《民法典》也认为没收制度并不属于民事私法的范畴，因此并未将没收制度再规定在《民法典》中；没收制度是通过行政处罚或刑事处罚对行政相对人、犯罪行为人进行带有惩罚性质的不利归责，其所涉及的法律关系是公民与国家之间的公法法律关系。因此，在具体案件中，是否符合不法原因给付制度，给付人丧失返还请求权，与没收是否被适用是两个层面的问题。

第二，不法原因给付的判断优先于没收的判断。这是因为《治安管理处罚法》第 11 条第 2 款以及《刑法》第 64 条，原则性地规定了被害人的合法财产应予以退还或返还。这也意味着，国家机关在行使没收权之前，需要判断该财产的民事合法性；如果该财产属于合法财产，则不能成为没收措施的处理对象。例如，在国家工作人员对他人进行索贿且行贿人未获得不正当利益的情况下，因为不法原因引起方与收益方皆归于国家工作人员一侧，行贿人的行为并不符合不法原因给付的构成要件，未丧失对"给付物"的返还请求权，该给付财物仍属于民事合法财产，我国司法机关不能将其纳入没收违法所得的范围之内，而应当将款物返还被索贿人。

第三，对于违禁品，国家没收措施虽然不关心财产民事合法性问题，但是没收措施的展开，需要受到严格程序的限制。国家在作出对于枪支、弹药等违禁品的没收决定前，并不取得这些财物的所有权。例如，在不法原因给付人将枪支、弹药非法卖给军警，军警收到给付后"黑吃黑"拒绝付款的场合，虽然枪支、弹药属于违禁品事后应当被没收，但在没收程序展开之前,不能认为该财物属于国家所有。如此一来,军警"黑吃黑"的行为便被划为侵吞国家财产的贪污罪处罚范围,这显然令人难以接受。在没收程序展开之前,国家公权力不应过度介入民事法律关系的判断之中,军警"黑吃黑"的行为,是否构成诈骗罪与侵占罪,仍有赖于行为时民事财产法律关系的判断。因此,不法原因给付的法律后果对于正确梳理民事纠纷与刑事纠纷的关系、妥善处理公权力介入私权利的尺度具有不可替代的作用。

第四,不法原因的法律后果并不以没收措施的成立为前提。不法原因给付中的"不法"不仅包含违反强制性法规,还包括违反公序良俗。以违反刑法、行政法等强制性规范为基础的没收处罚措施,无法涵盖公序良俗的概念范围。例如,在 2002 年 5 月 7 日《广西政法报》刊载的案例中,男子为了维持不正当男女关系,将房产赠与婚外第三人。之后,两人因关系恶化而分手,男方与原配夫人决心要回房子,向法院起诉。一审法院判决:驳回原告返还房屋的诉讼请求,房屋上缴国库。笔者认为,违反公序良俗而进行的给付行为无疑属于不法原因给付,但若认为国家机关可以没收房产,则难以令人接受。

综上所述,我国立法并未确立不法原因给付制度,其法律后果也仅仅是理论探讨与外国法的比较引进。我国民法相关制度已初步确立了"行为无效后的返还"与"恶意串通时的收缴"两种制度,但返还与收缴之间仍存在较大的法律效果空白。不法原因给付的法律后果,以"不具有返还请求权为原则,具有返还请求权为例外"刚好对"行为无效后的返还"与"恶意串通时的收缴"的空白地段进行了补充,理论上应当对此进行认可。另外,不法原因给付所带来的私法效果,并不能被公法中的没收制度所包含。

第二章 不法原因给付刑法评价的基本立场

民法与刑法的关系一直是理论界和实践界讨论的热点问题。而从《刑法》第 1 条“为了惩罚犯罪,保护人民,根据宪法,结合我国同犯罪作斗争的具体经验及实际情况,制定本法”及《民法典》第 1 条“为了保护民事主体的合法权益,调整民事关系,维护社会和经济秩序,适应中国特色社会主义发展要求,弘扬社会主义核心价值观,根据宪法,制定本法”的相关规定来看,我国已经基本建立起以《宪法》为顶点的纵向法律关系,并且按照各部门法各自不同原理而形成了独立法领域的横向法律关系。例如,《残疾人保障法》第 67 条,《文物保护法》第 64 条,《民事诉讼法》第 46 条、第 114 条、第 115 条、第 116 条,《体育法》第 119 条皆有“构成犯罪的,依法追究刑事责任”的规定。然而在现实中,因复杂的“民刑交错”的案件产生的民刑关系争论,并没有因为“根据宪法,制定本法”而停息。在学说中,刑法从属说与刑法独立说依然争论不休。

第一节　处理刑民关系核心是刑法自主性的界限

既然法秩序统一性已经是被广泛接受的普遍公理，那么刑法在这个秩序体系中的定位又在哪里？这是一个不得不仔细讨论的问题。一个普通的法律概念，往往出现在多个不同的部门法中；同时由于各个部门法的调整对象范围、规制手段等并不相同，法律概念的相对性普遍存在。以民刑关系为例，“财产”既是民法所调整的法律关系，又是刑法所保护的法益对象。在不法原因给付的制度之下，给付的财产因为不法原因而被排除在民法财产的保护关系外，该“财产”是否能够成为刑法财产犯罪法益保护的对象，则取决于我们如何认定刑法在法体系中的位置。以民刑关系为例，理论上有以下几种观点：

一、刑法从属说

刑法从属说认为，刑法是对第一次规范（民法、行政法等）所保护法益的保障法。当第一次规范所保护的法益遭受违法行为侵害时，刑法通过对该行为科以更严厉的刑罚，以国家强制力对第一次规范的顺利施行担当实力后盾。所以，刑法存在的意义和价值，应以行政法、民法等其他第一次规范的存在为前提。[1] 另外，“既然刑法与民法同属规制社会生活的手段，共同肩负着保护公民人身权和财产权的职责，在解释和适用刑法时，不考虑民事实务及民法理论的积累，以刑法独立性为借口我行我素，无疑是刑法学及刑法学者的傲慢”[2]。

按照刑法从属说的观点，不法原因给付中，行为人的财产因为不法

---

〔1〕 参见［意］杜里奥·帕多瓦尼：《意大利刑法原理》，陈忠林译，中国人民大学出版社2004年版，第3～4页。

〔2〕 岛田聡一郎「いわゆる“刑法上の所有権”について—財産犯における“刑事法と民事法の相関”の—断面—」現代刑事法6巻6号（2004）19頁。

原因,而造成民法上不予保护的情况时,这些财产也不再是刑法财产犯罪法益保护的对象。刑法所保护的财产,应然是民法中也保护的财产。因此,对以不法原因给付的财产为侵害对象的行为,在刑法中不能构成财产犯罪。

二、刑法独立说

刑法独立说认为,刑法具有独立的品格,在很多国家的立法规范上,涉及刑事处罚的法律无论是层级还是处罚的内容以及轻重都受到宪法的引导和限制。由于刑法典的体系性,所以当某一规范被纳入刑事法律体系时,它往往就会与其他刑事法律规范形成一个紧密的整体,在体系化的影响下,规范则更多地体现出刑事法独有的特征。例如,在我国,刑事认定的信用卡与民事认定的信用卡就有很大的不同。"就刑法而言,认定犯罪主要是看行为人的行为和主观方面,而不在于分析当事人之间的法律关系。"〔1〕民刑两法在对很多问题的关注上往往具有自己独特的视角,所以单纯以民事法律关系作为依据认定犯罪行为性质的做法的确无法令人信服。〔2〕

按照刑法独立说的观点,"刑法看行为,民法看关系"。在不法原因给付中,行为人的财产因为不法原因而造成民法上不予保护的情况,不应成为影响刑法财产犯罪成立的因素;犯罪构成与否的判断,应当由刑法进行独立的判断。因此,以不法原因给付的财产为侵害对象的行为,不应成为成立相应的财产犯罪的障碍。

三、刑法片面从属说

从属说认为,刑法作为"最后的手段"理应保持谦抑的品格,对于财

---

〔1〕 刘宪权主编:《刑法学专题理论研究》(第2版),上海人民出版社2012年版,第233页。

〔2〕 参见马寅翔:《冒用电商平台个人信用支付产品的行为定性——以花呗为例的分析》,载《法学》2016年第9期。

产属性的认定应当由前置的民事法律进行判断；独立说则认为，刑法作为独立的部门法，与民法、行政法等其他部门法的位阶相等，是否构成犯罪的问题应当由刑法理论进行单独判断。以上两种学说争论的焦点都与刑法在整体法秩序中的位置息息相关。如果以刑法从属说为基本立场，则往往肯定刑法与民法等部门法之间具有的横向关系。如果以刑法独立说为基本立场，则往往否定刑法与民法等部门法之间的横向关系。换言之，刑法独立说与刑法从属说的理论对决，表现在是否承认刑法与其他部门法之间存在横向的联系。

无论是刑法从属说还是独立说，皆以横向法律关系为路径构建民法和刑法帝国的边界，忽略了"根据宪法，制定本法"的纵向统一法秩序构建。然而统一法秩序价值标尺缺失，使得民刑关系的讨论处于"公说公有理，婆说婆有理"的尴尬境地。例如，严格的刑法从属说会使刑法进一步沦为国家维护其他部门法规范效力的工具，而不是保护法益的重器。与之相对，刑法独立说以违法相对论（违法多元论）为基础。由于重视违法判断的多元性，可以避免发生概念解释上的僵化，也可以避免如不法原因给付等民法中放弃保护而导致的可罚性漏洞的产生。从注重实现处罚的妥当性和必要性的视角看，刑法独立性的见解有利于避免立法的滞后性，迅速通过法解释的方式应对社会的变迁。[1] 然而，这在一定程度上却是以突破罪刑法定原则丧失处罚正当性为代价的。

为了修复民刑关系在纵向上的缺陷，有学者提出刑法片面独立说，以期避免刑法从属说与刑法独立说都只看民刑关系一个侧面的困境。刑法片面独立说认为：一方面，刑法在一定范围内具有独立的品格，独立于民法而存在；另一方面，刑法又在一定范围受到民法的拘束，具有一定的从属性。就前者而言，由于刑法独立于民法，所以刑事违法性的判断不必拘泥于民法的观念而应从刑法的立场独自地考察；就后者而言，由

---

〔1〕 参见［日］前田雅英：《刑法各论讲义》（第2版），董璠兴译，台北，五南图书出版公司2001年版，第158页。

于刑法又在一定范围内从属于民法,所以刑事违法性的判断有时必须参考民事的规定。换言之,刑法仅具有片面的独立性,或者说其也具有片面的从属性。本书赞成这种从纵向和横向两个方向全面地考察民刑关系的方法论。这是因为刑法片面独立说一方面从宏观上回应了德国学者卡尔·恩吉施“统一法秩序”的命题,契合了“根据宪法,制定本法”“构成犯罪的,依法追究刑事责任”的现行法律规定;另一方面,该学说从微观上挖掘了法概念的相对性的价值。在“统一法秩序”的前提下,分解“从属”与“独立”,可以使学者更容易注意到同一法律概念在民刑不同法律关系上的价值与差异。但是传统的刑法片面从属说依然面临不小的质疑。其中最大的质疑便是,虽然,刑法片面从属说弥补从属说与独立说的理论缺陷,但如果无法明确划分在何时从属、在何时独立,该学说的理论意义将大打折扣。

四、本书的立场

本书认为,鉴于法秩序在纵向上的统一已由制定法所确定,且以《宪法》为中心的纵向法秩序统一体系已在我国完成,因此,在逻辑上民事、刑事立法以及法律解释学的立法范围与解释权限不应超出宪法所确立的范畴。换言之,只要刑法在解释上不与宪法上的原则或规则在纵向上产生矛盾,则可以说基本上符合了法秩序的统一性。刑法独立说并不必然地违反法秩序统一原则。

虽然民法、刑法、行政法等横向部门法之间的关系并没有更高一层制定法的明确规定作为依据,刑法从属说在制定法上的依据并不充分;但刑法独立说在解释学上的说理也并不妥当,大部分刑法独立说把刑法与民法的区别等同于刑法与民法的关系。在汉语中,关系就是指事物之间互相作用、互相影响的状态。刑法在法秩序中的地位,其实就是民刑关系的体现。现实中,当我们讲到某某关系时,往往是以两者或多者之间具有稳定的独立区别界限为前提的;如果两者或多者之间没有区别的界限,我们在谈论单一个体时,是不能用关系这个词来进行描述的。另外,将民法与刑法的区别等同于民刑之间的关系,容易陷入循环论证的谬误。例如,刑法与民法是不同的两个部门法,刑事看行为、民事看关系,刑事重视可能害(行为犯)、民事重视现实害(结果犯),从而得出刑法是独立说的结论。实际上,形式上的区别并不能证明民刑两法没有互相作用、互相影响。在强奸行为中,我们依然要考虑两个人是否存在民事上的婚姻关系,在不作为犯中我们同样无法忽视行为人是否具有作为义务(民事关系);刑法中故意杀人罪虽然处罚未遂,但我们依然需要考虑现实害发生的可能性,如果被害人已在行为人实施杀害行为前死亡,则无论行为人的主观恶性有多大,刑法多么地重视行为的可能害,该行为也不能构成故意杀人罪的未遂。

另外,刑法从属说也并非尽善尽美。刑法从属说认为刑法在法秩序中的体系地位属于秩序的末端。根据刑法位置的特性,日本学者在从属说中推导出来刑法具有二次规范性,并以此为根据将法规范分解为行为法与制裁法。前者禁止公民去主动做某些行为(禁止规范)或者必须实施某些行为(命令规范),此乃第一次的行为法。在第一次行为法遭到破坏时制裁法才能启动,即为了否定违法行为人的违法行为并给予一定的制裁——由制裁法进行规定。[1] 作为制裁法的刑法,展开处罚条件应以违反第一次法为前提。也就是说,刑法规范承担着“最后的手段”的作用。正是由于刑法规范具有保护性、第二次性、补充性等特点,才使得刑事违法性从一般违法性中分离出来,让二元的违法性判断结构成为可能。[2] 无独有偶,我国学者也提出了类似的观点,即“前置法定刑、刑事法定量”。支持此观点的学者认为,所谓的前置法就是除刑法以外的其他部门法。犯罪行为以一般违法性为前提,只有在一般违法性与刑事违法性皆符合的情况下,才可能对犯罪行为科以刑罚。而且一般违法性与刑事违法性之间具有前后的判断顺序,不可以任意将其颠倒。也就是

---

〔1〕 竹田直平『刑法と近代法秩序』(成文堂,1988 年)6 頁以下参照。

〔2〕 生田胜义「可罰的な違法性」『刑法基本講座』第 3 巻(法学書院,1994 年)48 頁。

说,犯罪行为一定是一般违法行为,而一般违法行为不一定是犯罪行为。而一般违法行为与刑事违法行为的主要区别则在于对法益侵害程度的量的不同,后者明显大于前者。把刑法置于其他部门法之后,有利于充分发挥刑法的保障法功能。对某一行为是否进行刑事归责则就必须完全依赖其他部门法的提前判断,刑法对法益的态度体现为间接保护。[1]支持刑法从属说观点的学者往往认为:该说与刑法谦抑主义相契合,在理论上构建了前置法与刑法在阶层上一一映射的关系。法秩序不但更加统一,还更加显示出一种阶梯性,刑法位置的后置更符合刑罚是最严厉归责的现实状态。然而事实却并非如此,现实中刑法规定先于前置规定的情况大量存在。例如,2015 年《刑法修正案(九)》在《刑法》第 253 条之一增加了侵犯公民个人信息罪,明确规定"违反国家有关规定,向他人出售或者提供公民个人信息,情节严重的"。但实际上当时相应的"国家有关规定"并未被制定出来,刑法规定却迫于侵犯公民个人信息现象的泛滥,被立法者先于立法化。又如,在国家还未制定期货交易法律法规的前提下,《刑法》第 182 条就已经设立了操纵证券、期货市场罪。面对前置法缺位的情况,刑法所做的并不能消极等待,因为《刑法》第 3 条规定,"法律明文规定为犯罪行为的,依照法律定罪处刑"。该条文也是罪刑法定主义原则在我国的立法体现。根据罪刑法定主义原则的基本原理,此处的法律应特指刑法条文,而应当绝对排除前置法。因此在前置法缺位的情况下,刑法依然要对已经犯罪化了的行为进行定罪处罚。

本书认为,目前刑法的片面从属说最符合现下的刑法实际情况。刑法与其他部门法的横向法律关系,并不如其与宪法的关系那样,得到制定法上的支撑。理想条件下,刑法作为保障法,置于前置法之后,并建立一一对应的映射关系,的确有利于刑法谦抑原则的实现,有利于构建统一且阶层明显的法秩序体系。但现实中,社会的发展、犯罪行为的异化,

---

〔1〕 参见田宏杰:《行政犯的法律属性及其责任——兼及定罪机制的重构》,载《法学家》2013 年第 3 期。

将我国直接推入了刑事立法活性化的时代;鉴于立法程序的限制,实际中立法很难做到"先前置法完善,后制裁法跟进"的要求。前置法缺位,刑法不可能消极等待。刑法既有从属性又有独立性的片面从属说符合刑法在法秩序中位置的实然状态。至于如何把握何时从属、何时独立的问题,本书倾向于从先横后纵的认定原则进行处理。也就是说,横向上刑法与前置法对同一事物都进行了规定时,刑法应从属于前置法;纵向上在前置法缺位的场合中,在不违反宪法的前提下,刑法独立于前置法进行判断。例如,在不法原因给付中,作为前置法的民法已经对该财物进行了不予保护的规定,那么作为后置法的刑法就应当尊重并承认这种规定的效力,不将侵害该财物的行为认定为财产犯罪。这是因为,法律在纵向关系上,是以宪法为顶点的阶层构造;而在同一阶层的横向关系上,又形成了各自不同的法领域构造。不同法领域中大量的具体而有效的法律规范一起构建出法秩序的主体。为了追求合理性的立法,各个法领域之间不应当出现矛盾。针对同一种行为类型,民法与刑法评价上应当保持一致,要尽量避免出现一面为民法所允许、另一面为刑法所处罚的情况。刑法的"二次法"性质并不意味着刑法仅仅是前置法的从属法,刑法还具有独立的部门法特征。然而,民法仍然是调整财产关系的前置法,刑法对于财产犯罪的法教义学解释无法绕过民法帮助而自说自话。

第二节 法秩序矛盾的表现形式

自德国卡尔·恩吉施提出"法秩序的统一性要求排除出法规范之间的矛盾,排除法规范之间的矛盾要求违法判断的统一性"这一命题以来,法秩序的矛盾渐渐地被学界所重视。法秩序的矛盾比生活中普通矛盾具有更显著的规范性与价值倾向性。各国法秩序的矛盾表现也有很大的不同。有时法秩序的矛盾因为各国的具体法律规定不同而有所差异,有时法秩序的矛盾因为各国的法律传统、习惯风俗而有所差异。

一、五大法秩序矛盾之表象

在认识法秩序统一性之前,有必要详细了解法秩序内部究竟存在什么样的矛盾。按照恩吉施教授的分类大致有以下五大矛盾:[1]

第一,“制定法技术的矛盾”。一般存在于法律术语的不统一之中。例如,《公务员法》中的公务员与《刑法》中的公务员的概念就不是那么一致,《刑法》中公务员概念的范围远高于前者。《公务员法》第2条规定:“本法所称公务员,是指依法履行公职、纳入国家行政编制、由国家财政负担工资福利的工作人员。”而《刑法》中的公务员不仅包括具有国家行政编制的人员,还包括行政委托关系的人员。在《刑法》第八章贪污贿赂罪中,甚至还包括退休的公务员以及始终都不具有国家行政编制的村干部等。又如,民法与刑法关于近亲属的范围认知也有显著不同。在民法中近亲属包括配偶、父母、子女、兄弟姐妹、祖父母、外祖父母、孙子女、外孙子女。[2] 在刑法中近亲属是指夫、妻、父、母、子、女、同胞兄弟姐妹。[3] 这就是“制定法技术的矛盾”所导致的法概念相对性的问题。一般认为,由于法律本身的行为指引作用,法律术语应当力求清晰明确;模糊的法律术语将使公民无所适从,极易造成社会的混乱。正如宾丁所言,“法律概念需要其内容的固定性和其边界的清晰性”。然而事实显然并非如此,立法者经常把不同制定法中的不同意义与同一制定法中同一词语结合在一起。除公务员、近亲属以外的法律术语还有“占有”、“财产权”、“公众”、“公共空间”和“过失”等概念。在不同部门法之间对于同一法律术语理解不一致的现象,理论界称之为“法律概念的相对性”。法概念相对性除了同一概念在不同部门法中的范围有所不同外,还包括在不同部门法中的法律效果不同。作为不可避免的结果,它因各个部门法

---

〔1〕 参见[德]卡尔·恩吉施:《法律思维导论》,郑永流译,法律出版社2008年版,第199~205页。

〔2〕 《民法典》第1045条。

〔3〕 《刑事诉讼法》第108条第6款。

之间体系、目的的不同而产生。纯粹的“词语解释”必然受到体系的和目的的解释的限制。法律秩序强烈“要求概念的个别性变化适应具体法律规定的特殊意义”。比如,过失作为民事和刑事归责的共同要素,在民法与刑法之中的具体意义并不相同,刑法考虑如何确定刑罚责任,而民法则更多地考虑如何确定损害补偿。医疗事故中的医生,很可能因没有认识可能性而避免刑事追责,却往往在民事诉讼中被判定为过失,从而进行损害赔偿。

第二,“规范矛盾”。当某一法律行为一面被禁止另一面却又被允许,或者在同一部门法内抑或不同部门法之间一会儿被禁止一会儿又被命令时,该行为的法律评价也同时在合法与违法之间左右摇摆,致使行为人陷入两难的处境,这种情况被称为规范矛盾。[1] 公民在同一时间的范围内只可能满足一方的规范需求,而必然违反另一方的规范需求。对于同一行为,南辕北辙的禁止与命令规范,将使公民的生活无所适从。例如,当上司命令枪杀俘虏时,士兵则面临着绝对遵照上级命令的义务和遵守刑法规范的义务之间的冲突。为了尽量消除这类矛盾,数百年间已经形成了一系列有助于和谐、避免规范之间矛盾的规则。其背后存在作为“假定”的法律秩序的统一和无矛盾性原则。这类规则有:特别法优于一般法(Lex specialis derogat legi generali)、上位法优于下位法(Lex superior derogate legi inferiori)及新法优于旧法(Lex superior derogate legi priori)。然而,恩吉施认为,规范冲突问题仍然无法完全避免,尽管法学家们经过百年的努力,形成了上述的规则,但是这些规则仅仅是以存在论的形式被加以适用的,而不是以逻辑的形式而存在的。例如,当新的下位法与旧的高位法产生冲突时,这一规则的适用就遇到了困难。此时,公民无法根据法律规范确定自己的行为。因此恩吉施认为规范的矛盾必须排除,法律为公民提供的行为规范必须是单一的,从而坚持违

---

〔1〕 Vgl. Engisch, *Die Einheit der Rechtsordnung*, 1935, S. 46. 转引自陈少青:《法秩序的统一性与违法判断的相对性》,载《法学家》2016 年第 3 期。

法的一元论，一个行为在某一法领域被认定为违法，那么在全体法秩序中都应该被认定为违法。[1] 值得注意的是，“规范矛盾”在我国虽然存在，但仅仅是存在论范畴中的体现。除了运用上述被各国普遍适用的特别法优于一般法、上位法优于下位法、新法优于旧法的冲突处理规则外，对于恩吉施教授所提出“新的下位法与旧的高位法产生冲突”的问题，我国《立法法》已经给予了明确的答案。《立法法》第 12 条规定，对于法律尚未规定的事项，人大及其常务委员会可以授权国务院先行制定行政法规，但有关犯罪和刑罚、对公民政治权利的剥夺和限制人身自由的强制措施和处罚、司法制度等事项除外。在我国刑事相关法律规范中，只能由《刑法》作为规范载体，并不存在上下级法的层级关系。对于非刑事法的法律规范，《立法法》第 97 条、第 99 条、第 100 条、第 102 条、第 103 条基本上确立了法律、行政法规、地方性法规、自治条例和单行条例、规章等不同位阶法律规范的由上到下的层级关系。同时，当“新的下位法与旧的高位法产生冲突”时，贯彻运用“不抵触”原则，其所面临的首先应是下位法无效的法律后果。即使在同一位阶法律规范中，遇到旧的特别规定与新的普通规定产生冲突时，应根据《立法法》第 105 条、第 106 条，根据不同的情况由制定机关或上级机关裁决。[2] 总而言之，“规范矛盾”在我国法律体系中只有在存在论上才有意义，刑法中的“规范矛盾”即使存在，也不会溢出刑法之外的范围，不存在刑法规范与其他部门法规范冲突的情形。

---

〔1〕 参见陈少青：《法秩序的统一性与违法判断的相对性》，载《法学家》2016 年第 3 期。

〔2〕 《立法法》第 105 条规定：“法律之间对同一事项的新的一般规定与旧的特别规定不一致，不能确定如何适用时，由全国人民代表大会常务委员会裁决。行政法规之间对同一事项的新的一般规定与旧的特别规定不一致，不能确定如何适用时，由国务院裁决。”第 106 条规定：“地方性法规、规章之间不一致时，由有关机关依照下列规定的权限作出裁决：（一）同一机关制定的新的一般规定与旧的特别规定不一致时，由制定机关裁决；（二）地方性法规与部门规章之间对同一事项的规定不一致，不能确定如何适用时，由国务院提出意见，国务院认为应当适用地方性法规的，应当决定在该地方适用地方性法规的规定；认为应当适用部门规章的，应当提请全国人民代表大会常务委员会裁决（三）部门规章之间、部门规章与地方政府规章之间对同一事项的规定不一致时，由国务院裁决。根据授权制定的法规与法律规定不一致，不能确定如何适用时，由全国人民代表大会常务委员会裁决。”

第三,"价值矛盾"。所谓价值矛盾,就是在法律秩序内部,立法者并不能一贯地实施一种价值所产生的矛盾。例如,2015 年德国增设了《德国刑法典》第 217 条"业务性促进自杀罪",将以促进他人自杀为目的,业务性地向其提供、创设或介绍机会的行为规定为犯罪。这次立法旨在禁止死亡帮助社团的活动、遏制有组织的自杀帮助行为,并未否定自杀参与行为原则上不具有刑事可罚性的传统立场。尽管如此,该条规定仍然激起了德国学界的普遍反对。[1] 这是因为,传统上自 1757 年以来德国对于自杀行为的刑法价值判断就是不认为其是犯罪。众所周知,德国的共犯理论是一个以正犯为中心的刑事归责体系;如此一来,既然自杀行为不具有可罚性,那么与之关联的帮助、教唆行为也不构成犯罪行为。显然 2015 年的"业务性促进自杀罪"与传统的不处罚自杀帮助行为的德国刑法价值存在矛盾。在我国刑法中也存在相同的价值矛盾。我国刑法分则以客体划分各类刑名,往往按照刑法需要保护的程度,进行了前后的顺序排列,以表达刑法对于各个不同客体之间的保护轻重的态度。宏观上,国家法益大于社会法益,社会法益大于个人法益;微观上,生命法益大于人身法益,人身法益大于财产法益。法定刑的轻重也往往按照侵害法益对象的不同有所加减。我国刑法之中的价值矛盾在于:一方面通说上承认贪污贿赂罪为贪利型犯罪,另一方面又在法定刑上设置了死刑的刑种选择。死刑的设置使得财产法益的重要性凌驾于生命法益之上。即便认为贪污贿赂罪不仅是贪利型犯罪,其中存在的"权钱交易"亦是一种侵害公职廉洁性的犯罪,死刑的设置没有什么不妥;但是这种观点却无法解释在教育刑、预防刑已经成为主流的刑罚价值观的当下,明明用自由刑、剥夺公职等处罚措施就可以有效防范其再犯可能性,却仍在用死刑对其进行刑法归责,既不人道又不经济,还有违反罪责刑相适应的嫌疑。不过对于"价值矛盾"的问题,恩吉施认为,价值矛盾本质上是基于制定法之上的矛盾,不能通过司法被排除。基于罪刑法定的刚性

---

〔1〕 参见王钢:《德国业务性促进自杀罪评析》,载《比较法研究》2016 年第 5 期。

限制，法律解释的最后归宿必须回归到法律规范的价值之中，即使它与其他规范有价值冲突。值得庆幸的是，我国的立法者已经注意到上述的价值冲突，并已作出了立法上的修缮。《刑法修正案（八）》与《刑法修正案（九）》已经废除了22种刑名的死刑，其中不乏传统的财产犯罪，如盗窃罪、集资诈骗罪等。这些传统的财产犯罪的死刑废除，意味着其法定最高刑为自由刑，标志着我国刑法价值的理性回归。而且，通过立法方式解决价值冲突的方案，避免了违反罪刑法定的风险。此种消除"价值矛盾"的做法，值得肯定。

第四，"目的论矛盾"。目的论矛盾就是立法者制定出特定的规范来谋求达到一定的目的，却通过其他的规范来放弃达到该目的。一般认为，发生目的论矛盾比较罕见。它往往发生于规范的目的与手段之间，即应当协调的地方却出现了不协调的地方。立法者努力通过具体的规范去达到一个具体的目的，但是由于其他规范，使那种仅被考虑作为手段的以实现其自身的措施失灵。在我国比较突出的是防卫制度。防卫制度的法律规范主要由《刑法》与《民法典》所规定。然而，民刑两者在构成正当防卫的认定上存在很大差异。[1] 刑法以明显超过必要限度、造成重大损害为符合正当防卫的必备要件，反观民法则以超过必要限度、造成不应有的损害为正当防卫的成立条件。之所以民法与刑法关于防卫制度的规定有所反差，一方面是由于民法和刑法在法律归责时，对行为人客观要求、损害后果的轻重程度等实际判断标准并不统一[2]；另一方面则是因为《刑法》与《民法典》设定防卫制度的目的不同。就刑法而言，刑法设立防卫制度更多是一种刑事政策的考量。《刑法》第20条第1款规定："为了使国家、公共利益、本人或者他人的人身、财产和其他权利免受正在进行的不法侵害，而采取的制止不法侵害的行为，对不法侵害

---

〔1〕《刑法》第20条第2款规定："正当防卫明显超过必要限度造成重大损害的，应当负刑事责任，但是应当减轻或免除处罚。"《民法典》第181条规定：正当防卫超过必要的限度，造成不应有损害的，正当防卫人应当承担适当的民事责任。

〔2〕参见"法学本科专业多学科课程间交叉渗透的研究与实践"课题组：《法学专业课程交叉渗透的教学模式探究——以刑法课程为例》，载《海峡法学》2015年第4期。

人造成损害的,属于正当防卫,不负刑事责任。"这种为了鼓励公民与犯罪分子作斗争的刑事政策目的的实现,离不开防卫程度认定标准上的降低,进而保证一般的防卫行为不被视为防卫过当。就《民法典》而言,其设立防卫制度的目的显然是在规范私力救济行为。对于私力救济的空间进行适当挤压,能够有效地凸显出民事法律规则的定分止争的法律效果。因此,防卫行为的成立范围被限制在一个较小的空间内。也许有人认为,我国《刑法》第 21 条规定的紧急避险制度也是一种目的论矛盾。即行为人实施了紧急避险的行为,虽然在刑法上认定为合法,却要承担相应的民事赔偿责任。造成了一种刑事上合法,民事上违法的状态,使得公民无所适从,符合目的论矛盾。本书认为,认为紧急避险制度是目的论矛盾的观点有待商榷。这是因为,在民法中赔偿与补偿是两个被严格区分的概念;刑法中紧急避险的行为所造成的损失,更像民法上的补偿,而非赔偿。关于紧急避险的民事后果,《民法典》第 182 条作出了明确规定:"因紧急避险造成损害的,由引起险情发生的人承担民事责任。危险由自然原因引起的,紧急避险人不承担民事责任,可以给予适当补偿。紧急避险采取措施不当或者超过必要的限度,造成不应有的损害的,紧急避险人应当承担适当的民事责任。"因此,在我国紧急避险行为只要措施得当或者没有超过必要限度,并不是民事违法行为,行为人不需要承担民事责任。补偿并不以民事违法为前提,因此实际上紧急避险造成的法律后果是民事上不违法,刑事上也不违法,不符合目的论矛盾的基本特征。综上所述,目的论矛盾主要体现在一边鼓励一边限制、一边合法一边违法、一边保护一边不保护的法秩序矛盾,这才是法规范应当避免的主要矛盾。

第五,"原则矛盾"。"法律原则是指规定或隐含在法律中,作为法律规则产生的依据,其效力贯穿所归属法律的一切活动中,表达了所归属的法律的精神和根本价值倾向的指导思想。"[1]而所谓的原则矛盾,就

---

〔1〕 董玉庭:《论法律原则》,载《法制与社会发展》1999 年第 6 期。

是在所属法律中一个法律原则并没有被一以贯之，而且在适用的过程中，出现了与之截然相反的法律效果。目前，我国刑法学科体系已基本形成责任主义、罪刑法定、法益保护三大原则鼎立之势，三大原则共同贯彻整部刑法典，源源不断地为刑法教义学提供充足的原动力。现代刑法也被称为责任主义刑法（Schuld-strafrecht）。[1] 传统责任主义认为，“没有故意或过失的行为，不得作为犯罪处罚”。同时故意与过失行为的责任罪过具有显著不同，应在量刑中予以区别，两者并不能混同或互相转换。在我国《刑法》第16条的规定中，并不存在所谓的严格责任。所有犯罪的成立必须具有过失或者故意主观罪过形式。责任主义在我国刑法中的贯彻的典型例子便是《刑法》第232条故意杀人罪与第233条过失致人死亡罪。两罪皆具有故意或过失的主观罪过形式，并且做到了法定刑上的轻重之别。虽然就结果而言，行为人都造成了被害人的死亡，但由于故意与过失之间不能混同，如何定罪量刑应根据行为人的主观罪过进行司法判定。那么，责任主义是否已经在我国刑法中贯彻实施了呢？答案显然是否定的。我国《刑法》第247条刑讯逼供罪规定：致人伤残、死亡的，依照《刑法》第234条（故意伤害罪）、第232条（故意杀人罪）的规定定罪处罚。理论上一般有两种观点：一种认为该规定是注意规定。刑讯逼供本来就是故意犯罪，对于造成被刑讯逼供人死亡（伤残）的结果，已经与故意杀人罪（故意伤害罪）无异，因此提示法官适用故意杀人罪（故意伤害罪）。另一种认为该规定是法律拟制。在刑讯逼供的过程中，行为人往往对于被逼供人的死亡（伤残）结果持否定的态度，因而“致人伤残、死亡的”是典型的过失行为，但是已经造成了严重的后果，法律拟制把过失认定为故意，已达到法定刑升格的处罚需求。笔者认为，两种观点皆与责任主义原则相矛盾。首先，我国《刑法》规定的“致人死亡”的条款既包括间接故意乃至直接故意杀人，还包括过失致人死亡，

---

〔1〕 参见梁根林：《责任主义原则及其例外——立足于客观处罚条件的考察》，载《清华法学》2009年第2期。

情况比较复杂,不可一概而论。注意规定的观点忽视了刑讯逼供行为中的过失,与责任主义原则相违背。其次,法律拟制的观点,即使认识到刑讯逼供行为的复杂性,把过失直接认定为故意;但根据责任主义的要求,过失与故意的责任轻重并不相同,不能随意地把过失犯罪的法定刑与故意犯罪的法定刑等量划齐。即使需要故意与过失犯罪的法定刑保持一致,也应如《刑法》第 398 条故意泄露国家秘密罪、过失泄露国家秘密罪一样,在罪状中明确规定出来。

二、五大法秩序矛盾之实像

根据上述恩吉施教授对法秩序矛盾的梳理,我们不难得出"矛盾"普遍存在于部门法之间或者部门法中的结论。我们对于法秩序是否具有统一性的基本立场,无疑将深刻地影响着我们对上述这些矛盾的基本态度。如果我们承认法秩序具有统一性,那么对于上述矛盾,我们将通过立法或者法解释学对以上矛盾进行缩小或限制;如果我们不承认法秩序具有统一性,认为每个部门法由于其自身的立法目的、规范方式、责任认定等不同,上述的所有矛盾是不可避免的,因此也用不着消解这些矛盾。本书认为,在我国《立法法》第 5 条指出"从国家整体利益出发,维护社会主义法制的统一、尊严、权威"的前提下,从实定法的角度来看,后一种观点无疑是错误的。同时,认为法秩序不具有统一性,无疑是法学家对自我责任的放弃。法律所追求的终极目标是公平正义,并不是仅通过法官、检察官、律师等主体通过对法律的适用就可以达到的,还需要法学家们对那些看似矛盾的、不合理的法律法规从公平正义的角度进行调和、柔软化,以期减少这些矛盾,达到法律所追求的终极目标。人们很难想象一个充满矛盾的法律秩序,能够给人们带来公平与正义。公平、正义的实现,离不开法秩序统一立场的全面展开。

法律规范是善良公民的行为准则,同时也是治理社会的最有效之方法。各部门法之间往往分工明确、搭配合理,共同营造出稳定的法律秩序,同时也成就了国家在法律秩序上的人格化。[1] 一旦良好的法律秩序被突然出现的各种矛盾扰乱,法律将无法承担起指导公民行为的基本功能,届时人类社会将陷入混乱的绝望之中。因此,以调和各种矛盾为目的的法秩序统一原则作为公理被大家所接受。[2] 在法秩序统一立场的前提下,我们应当如何认识上述的五种矛盾呢?本书认为,理论上,在法秩序统一的立场下,法律应在各部门法之间、各部门法内部被没有"矛盾"地运行;但现实中由于各部门法被分成不同的法域,并被赋予了不同的作用分工,矛盾的存在貌似不能被避免。其实,法秩序统一性对于上述五种矛盾的耐受力并不相同。在不同的法域以及不同的作用分工下,允许某些矛盾的存在与法秩序统一性并不冲突。换言之,有些矛盾在法秩序统一性的特定情况下可以被允许,有些矛盾无论如何也无法被法秩序统一性所包容。本书认为,目的论矛盾就是法秩序统一性的试金石,在任何情况下都不应当允许目的论矛盾的存在。

首先,目的的统一性是该矛盾能否被法秩序统一性所容许的判断标准。换言之,即使承认该矛盾的存在,也不违反法秩序统一性原理。恩吉施也认为,制定法技术上的矛盾早已被人们讨论和被大家所熟知。同一术语在不同法域里面的阐述有所不同,并非是难以接受的事实。例如,占有概念在民法和刑法上是不同的,而过失概念同样如此(其标准一个更客观,一个更主观)。法律概念具有相对性,在法秩序统一性看来是一种不得不被容忍的矛盾。例如,理论上,婚姻分为法定婚姻和事实婚姻,前者需要到民政局登记结婚,后者则必须符合"公开同居"、"以夫妻名义生活"及"人们也认为他们是夫妻"等条件。但是在制定法技术的矛盾中,由于法律概念的相对性,事实婚姻在民法与刑法中的处境截然不同。事实婚姻不但是婚姻法的调整对象,同样也是刑法中重婚罪认定的重要法律事实。众所周知,在我国民事法律中,因为 1994 年《婚姻登记

---

〔1〕 参见[奥]凯尔森:《法与国家的一般理论》,沈宗灵译,中国大百科全书出版社 1996 年版,第 203 页。

〔2〕 参见陈少青:《法秩序的统一性与违法判断的相对性》,载《法学家》2016 年第 3 期。

管理条例》(已失效)的规定,事实婚姻已经退出了民事合法行为的保护范围,沦为一种同居关系。事实婚姻不会产生任何民事法律效果,行为人在遗产继承等方面的民事权利亦得不到民法上的有效保护。简单地说,婚姻法不保护事实婚姻。那么,由此所引发的问题便是重婚罪中的婚姻是否包括事实婚姻。有人认为,我国已不再承认事实婚姻的效力,因此事实婚姻中的夫妻一方就不能称为这里的“配偶”。这也意味着行为人如果先有事实婚姻而与他人结婚的或明知他人有事实婚姻而与之结婚的,都不构成重婚罪。然而,在我国《刑法》中对于有配偶的人在没有解除事实婚姻关系的状态下,与他人登记结婚或形成事实婚姻,或明知他人有配偶而与之登记结婚或形成事实婚姻的,可以构成重婚罪的观点早已成为定论,并不属于争议的范围。2004 年 12 月 4 日最高人民法院《关于〈婚姻登记管理条例〉实行后发生的以夫妻名义非法同居的重婚案件是否以重婚罪定罪处罚——给四川省高级人民法院的批复》(已失效)中明确指出,《婚姻登记管理条例》发布实施后,有配偶的人与他人以夫妻名义同居生活的,或者明知他人有配偶而与之以夫妻名义同居生活的,仍应按重婚罪处罚。总而言之,在民法中事实婚姻因为其行为无效并不受民法保护,但是在刑法中重婚罪的婚姻依然包括事实婚姻。这种法概念的相对性是否一定违反法秩序,其实要看这种法概念的相对性有没有造成目的论上的矛盾。《婚姻登记管理条例》中所作的规定与刑法中关于重婚的规定事实上并不矛盾。刑法与民法都是以保护婚姻关系中的“一夫一妻制度”为目的进行判断的,总归是殊途同归。刑法将事实婚姻中夫妻一方作为重婚罪的“配偶”来看待,并不是对这种事实婚姻关系的保护,相反却是通过对这种重婚行为的惩罚作出的对这种事实婚姻关系的否定。[1] 综上所述,这种刑法上纳入处罚,而民法上将其推出保护范围的法概念相对性,由于在目的论上保持了法律效果的一致,因此

〔1〕 参见刘宪权:《刑法学名师讲演录》(分论第 2 版),上海人民出版社 2016 年版,第 634 ~ 635 页。

法秩序统一性能够在目的论一致的范围内容许制定法技术的矛盾的存在。

其次,价值矛盾与目的论矛盾实际上是表里关系。所谓价值矛盾,实际上就是一种评价的矛盾。该矛盾突出体现在对于一个较轻的犯罪,施加了一个比其更重的犯罪还要严重的法律后果,或者与之相反。与此同时,目的论矛盾则体现出更多的一边不保护一边保护的情形。目的论矛盾与价值矛盾之间的表里关系,更多地体现出"因果关系"的特征,即目的论矛盾引起了价值矛盾的发生。例如,在不法原因给付中,行为人因其行为构成不法原因给付,其所交付的财物不具有返还请求权而不再被民法保护,如果认为对于该交付的财物能够成为财产犯罪侵犯对象并构成犯罪,则造成了一种民法不保护而刑法保护的状态。这种状态造成的直接后果就是把一个本该是持有型犯罪(轻罪)认定为侵占罪或诈骗罪(重罪),符合化轻罪为重罪的价值矛盾特征。可以说没有目的论上的矛盾,就不会有价值上的评价矛盾。

最后,法律原则能够在法律的目的统摄下表现出方向性,发挥法律原则的指引功能。一般来讲,法律原则具有指引法律规则的属性,要求其能够贯彻整个部门法,指导各个法律规则的适用。在司法适用中,法律规则与法律原则相冲突,还可能出现排除法律规则的适用的情形。因此,法律原则不同于具体的法律规则,具有很强的抽象性。法律原则具有弥补制定法的不足、保障个案公平、适应时代的发展的积极功能,对法律在实践中平稳运行具有重大意义。另外,法律原则的内涵高度抽象、外延极度宽泛,基本上是不存在两个原则的矛盾的,每个原则的内涵是通过相关的其他原则来予以确认的,原则成为一个互相支持的信念网络。所谓的法律原则矛盾,实际上就是法律原则与法律规则的矛盾。[1]正如上文中所提到那样,责任主义原则的矛盾本质上是适用故意杀人罪

〔1〕 关于法律原则之间不存在冲突的观点,可参见王琳:《论法律原则的性质及其适用——权衡说之批判与诠释说之辩护》,载《法制与社会发展》2017 年第 2 期。

的规则处罚还是适用过失致人死亡罪的规则处罚的问题。刑法目的论的引入,能够使得那些只有范围没有冲突的原则,表现出一定的方向性,进一步发挥原则指引规则的功能。例如,刑诉逼供的行为人致他人死亡,以故意杀人罪定罪处罚是否违背责任主义原则,并不能仅依靠责任主义原则来进行判断。这是因为,责任主义原则仅告诉我们犯罪的成立需要有故意或过失的主观责任,同时量刑时故意犯罪的刑事责任要重于过失犯罪的刑事责任。但就行为人刑讯逼供致人死亡而言,刑讯逼供是故意,致人死亡可能是故意也可能是过失。当致人死亡的主观罪过形式表现为故意时,此时刑讯逼供的刑事责任已经无法满足刑法对生命法益的保护目的,因此将其纳入故意杀人罪的定罪处罚范围符合责任主义原则的基本要求;反之,当致人死亡的主观罪过形式表现为过失时,无论多少个过失叠加也不能转化为故意犯罪,过失致人死亡的刑事责任,足以满足刑法对于生命法益的保护目的,将其强制认定为故意杀人罪才属于违反责任主义原则,应当排除《刑法》第 247 条刑讯逼供致人死亡以故意杀人罪定罪处罚的法律规则适用。总而言之,现实中并不存在原则矛盾的问题,所谓的原则矛盾可以转化为法律原则与法律规则的适用问题;在如何适用法律规则上,当该法律规则是否因违反法律原则而被排除适用时,应借助法律目的的判断加以完成。

第三节　相对违法性的提倡

在法秩序统一性的语境下讨论违法性判断的问题,其本质就是其他部门法违法性是否应成为刑事违法性判断的前提问题。如果回答是应该,那么违法性的判断会表现出统一的基本特征;如果回答是不应该,那么刑事违法性判断的基因属性则更多地倾向独立性发展;如果回答是有时应该有时不应该,刑事违法性的判断此时则属于相对违法性判断模式。在以上三大判断类型中，到底哪一种才是我们的应然选择？一直以来，无论是理论界还是实务界都对问题的答案进行了研究和探索。现实中，时常会遇到横跨多个部门法之间违法性判断难题。帅英骗保案、刑法权力行使案[1]等，无不涉及多个法域之间的违法性判断。目前，我国刑法学者大多已关注到部门法之间的违法性判断层阶问题，并已取得一些成果，但是对于违法性判断的认识仍有误区。

一、学说的对立

在理论上，学者们对于违法性判断的种类并不一致，也直接影响了到底哪些学说才是真正对立的。学说上一般认为：主张在整体法秩序下一元地进行违法性判断的是违法一元论；主张违法判断可以在各个法域之间相对进行的是违法相对论。违法一元论还可以进一步分为严格的违法一元论与缓和的违法一元论。前者认为，违法性在整个法秩序中是"单一"的，没有违法相对性的存在余地；后者赞同违法性判断在整个法秩序中是"统一"的，但同时承认违法判断的相对性。[2] 我国学者陈少青也认为，违法性学说的分类标准以是否参考其他部门法为依据，可分为违法一元论、缓和的违法一元论以及违法相对论三种类型。其本质核心争论可转化为违法性判断究竟是补充性还是独立性的问题。也就是说，刑事违法性的认定是否必须遵从民法、行政法等其他法领域的违法性评价；刑法是退至其他部门法之后，作为"兜底性"规范对已经完成违法性认定的行为进行刑事制裁，还是同其他部门法平行存在，可以直接

---

〔1〕 在帅英骗保案中，2002年《保险法》第54条第1款规定："投保人申报的被保险人年龄不真实，并且其真实年龄不符合合同约定的年龄限制的，保险人可以解除合同，并在扣除手续费后，向投保人退还保险费，但是自合同成立之日起逾二年的除外。"因而，该案中的保险合同是依据《保险法》的生效合同，帅英的行为不存在《保险法》上的违法性，这里的问题在于：能否以帅英出于骗保的目的实施了隐瞒被保险人年龄等诈骗行为而直接具有刑事违法性成立保险诈骗罪呢？同样，在刑法权利行使案中，当行为人针对自己的合法财物，采取了暴力、胁迫手段，能否认定成立抢劫罪呢？

〔2〕 前田雅英『可罰的違法性の研究』（東京大学出版会，1982年）342頁以下参照。

审查行为是否具有独特的刑事违法性。[1]

实际上,按照严格的违法一元论的观点,紧急避险在民法与刑法中的违法性评价是不完全相同的,这显然不符合刑法与民法的明文规定,因而该说已为学界彻底摒弃,现在所谓违法一元论就是指缓和的违法一元论。值得注意的是,我国学者杜文俊从我国刑法文化的历史视角出发,对我国违法性判断进行了新颖解读。他认为,我国几千年来形成了独特的刑法文化,即"注重国家、社会秩序的维持""重视习惯作为刑法之外的社会调节手段",并以此认定,在"诸法合体"的影响下我国传统的违法性判断更多地展现出违法一元论的一面。[2] 需要指出的是,此处的违法一元论,应特指缓和的违法一元论。

日本学者前田雅英教授与我国王昭武教授则主张不宜将违法相对论与违法多元论的概念界限进行混淆。违法多元论认为在不同法域的违法性的质和量的关系皆是独立进行判断。不同部门法之间的违法性不能进行互相转化。换言之,无论民事违法性的严重程度再大,也始终是民事违法性的问题。例如,合同违约造成的损失再大,也不能将其认定为合同诈骗罪或诈骗罪。诈骗行为涉及的数额再小也不能直接将其按照民事欺诈行为进行处理。所以,违法性判断之争的主要内容则在缓和的违法一元论、违法相对论与违法多元论这三种学说。[3] 争议的焦点在于违法相对论与违法多元论是否进行区别对待。支持者认为:"将违法相对论混同于违法多元论,不仅无视违法相对论与违法多元论之间的本质区别,更抹杀了本来意义上的违法相对论这一学说的存在本身,实质上是将学说对立简单地等同于缓和的违法一元论与违法多元论之间的对立。受其影响,我国学者要么将违法相对论简单地等同于违法多元论;要么无视违法相对论的存在,不加甄别地直接接受这种分类方式;均

〔1〕 参见陈少青:《法秩序的统一性与违法判断的相对性》,载《法学家》2016 年第 3 期。

〔2〕 参见杜文俊:《我国财产犯罪法益保护理论再考察及修正——以审判实践及本土刑法文化为视角》,载《政治与法律》2016 年第 3 期。

〔3〕 参见王昭武:《法秩序统一性视野下违法判断的相对性》,载《中外法学》2015 年第 1 期。

未能有意识地区分违法相对论与违法多元论。不得不说，以这种不精细不周密的学说分类为基础而展开研究，则很难透彻地理解违法性的本质”。[1] 与之相对，反对者认为：“将违法相对论解释代替成违法多元论，而将违法相对论定义为介于缓和的违法一元论与违法多元论之间的独立类型。一边承认违法相对论在一定程度上与违法的统一性相契合，一边又同时否认一般违法性概念的存在。此种观点存在自相矛盾之处：既然承认违法的统一性，那为何却否认表征违法统一性的一般违法概念；如果否认一般违法性的存在，那么违法的统一性的承认又体现在何处？”[2]

二、本书的观点

本书赞成区分违法相对论与违法多元论的观点。也就是说，违法性判断应具有三种学说的对立：缓和的违法一元论、违法相对论与违法多元论。其中以违法相对论暗合我国目前的司法实践现状，具有较强的司法可操作性。

首先，相对论与多元论两种违法性处理模式具有根本的区别。从表面上看两者虽然都强调对于刑事违法性判断应当更加具有刑法特色，但两者对于法秩序统一性原则的态度却大不相同。违法性相对论以法秩序统一性原则为前提，刑事违法性的判断要对其他法秩序的违法性进行一定的参照。违法多元论则否定法秩序统一性原则，刑事违法性与不同领域的违法性并不存在“量变”关系。例如，在不法原因给付的场合中，给付物因为原因不法，而被判定丧失返还请求权，对该财物的侵害并不具有民事上的违法性。违法相对论认为，虽然《刑法》对公私财产进行了合法属性的限定，但是相关司法解释似乎突破了合法的限制，把违禁物、赌资等非法财产也纳入刑法的保护法益中，因此在构成要件该当性上，

〔1〕 王昭武：《法秩序统一性视野下违法判断的相对性》，载《中外法学》2015 年第 1 期。

〔2〕 陈少青：《法秩序的统一性与违法判断的相对性》，载《法学家》2016 年第 3 期。

刑法应进行单独的实质判断：对于不法原因给付物进行侵害的行为，依然符合财产犯罪的该当性，具有形式的刑事违法性。但鉴于法秩序统一原则的立场，违法性判断必须实质化；因此应当承认超法规的违法阻却事由，即不法原因给付物已在民法上被判断为不具有民事违法性，不具有保护的财产价值，因而不构成相应的财产犯罪。违法多元论则认为，刑法与其他部门法的违法性不具有“量变引起质变”的关系，刑法应当进行单独的判断；既然刑事规范已经把合法财产与违法财产都纳入刑事规范的保护范畴，那么针对不法原因给付财物的财产犯罪行为，当然符合财产犯罪的构成要件该当性。假如像违法多元论那样，强调各个法领域皆具有各自独立的目的自主性，在违法性判断上各部门法之间可以独立地判断违法性，民事、行政已经判断为合法的行为，刑法依然可以判断为违法，这种状态无疑是一种目的论矛盾，不符合实现法“正义”的基本要求。一方面人为地扩大了刑法的处罚范围，有碍于刑法与其他部门法的协调联动。刑法多元论使得刑法完全摆脱了来自横向法领域的束缚，使得本来就具有很强政治性的刑法，更容易被伦理化、政策化。另一方面又人为固化了刑法条文的解释范围。在违法性判断上，因为刑事违法性与其他部门法违法性判断不存在任何关系，因此违法阻却事由除了刑法所规定的正当防卫、紧急避险外，再也没有超法规的违法阻却事由存在的余地，属于形式违法性判断。在田园牧歌式的社会环境中，形式违法性由于仅依靠刑事法规定，具有较强的明确性与稳定性，不会出现较大的问题。但是在社会发展较快、社会关系复杂的环境下，形式违法性不利于缓和社会的现实需求与刑法过于刚性的矛盾，也不符合我国《刑法》第 13 条“但书”所规定的“依照法律应当受刑事处罚的，都是犯罪，但是情节显著轻微危害不大的，不认为是犯罪”的规定。

其次，在以片面从属说为民刑关系的基本立场下，辅以违法性相对论为出罪依据，回归犯罪构成要件的基本功能。宏观上，法秩序之统一应是逻辑、体系和目的的三位一体的统一。逻辑的统一性应体现在诸多的法律规范之间无逻辑上的矛盾，应尽量避免规范矛盾，杜绝一边禁止一边允许的规范存在。与逻辑统一性关注具体的法律规范之间的关系与法律效果不同,体系统一的关注视野显然要超出具体法规范的射程范围,从法律规范的生态整体状况出发去考察具体法律规范与整个法律体系的融合性与协调性的高低问题。目的统一性则直接将关注的焦点从具体的法规范转移到法规范生成的背后原因上来。目的统一性有助于弥补之前因为不同“分工”而形成的各部门法之间的真空地带,缓解各部门法之间因规范矛盾所造成的紧张关系。微观上,犯罪构成基本原理认为,构成要件该当性是积极的入罪要件,而违法性和有责性则是消极的入罪要件。构成要件该当性直接来源于刑法部门法规定,具有天然的目的统一性;目的统一性并不要求法概念的完全统一,只要不违反逻辑上的统一即可。例如事实婚姻在民刑两法的保护认定不同,但都是从保护一夫一妻的目的出发。而违法相对论基础在于体系统一性,担负着出罪的功能。这也就完美地解释了为什么民法或行政法允许的行为,必然不具有刑事违法性;而民法或行政法禁止的行为,则未必具有刑事违法性;对民法或行政法认为并无保护之必要的利益,不能认定侵害行为具有刑事违法性。

最后,违法相对论更贴近于刑法理论的现实状态。违法性学说对立的本质可以归纳为三个命题:A. 构成要件该当行为如果属于民法或者行政法允许的行为,该行为是否必然不具有刑事违法性? B. 构成要件该当行为如果属于民法或者行政法禁止的行为,该行为是否当然具有刑事违法性? C. 对于民法或行政法不予保护的利益,可否认定侵害该利益的构成要件该当行为具有刑事违法性?[1]缓和的违法一元论将作为立法主体的国家进行人格化,因此无论什么部门法,无论什么法律规范皆是由国家制定认可并保证实施的;所以对于同一法律行为,应在整体法秩序的统摄下进行没有矛盾的运行。违法统一性的基本立场必须被坚持。

---

〔1〕 参见王昭武:《法秩序统一性视野下违法判断的相对性》,载《中外法学》2015 年第 1 期。

然而,现实中违法性的表现形成呈现出多样性,不同部门法的违法性类别、程度皆有所不同。就刑法而言,刑事违法性与其他一般违法性皆有不同,特别是在违法程度上,刑事违法性显然要大于其他一般违法性,只有具有刑事违法性的行为才可以被科以刑罚。因而违法相对论也有一定道理。[1] 换言之,缓和的违法一元论的违法性判断是一种在法秩序统一视野下的违法性从"量变"到"质变"的过程。违法相对论则认为法秩序统一性应当被尊重和执行;但各个部门法往往具有自己相对独立的法律目的与法律效果,因此刑事违法性并不采取"量变"到"质变"的二重判断结构。是否成立犯罪,直接进行实质的违法性讨论即可。违法多元论则既不承认法秩序统一性,也不承认违法性具有大小、轻重之别,一切皆按刑事法规定的形式违法性进行独立判断。因此对于上述的三个命题的结论见表 2－1。

表 2－1　法秩序不同立场

法秩序		A 命题	B 命题	C 命题
统一	缓和的违法一元论	无刑事违法性	可能有刑事违法性	无刑事违法性
	违法相对论	无刑事违法性	可能有刑事违法性	可能有刑事违法性
非统一	违法多元论	刑法独立判断	刑法独立判断	刑法独立判断

违法多元论由于无视了法秩序具有统一性这一基本原理为我们所不取。违法相对论与缓和的违法一元论在 A、B 命题的结论是一致的,主要区别在于对 C 命题的回答。所谓违法性的量,是指在被害法益极其轻微的场合,虽然存在一般的违法性,但是失去了可罚的违法性。而违法性的质,则是指刑事违法性与其他部门法违法性所存在的本质差

[1] 参见王昭武:《法秩序统一性视野下违法判断的相对性》,载《中外法学》2015 年第 1 期。

异。[1] 缓和的违法一元论对于C命题的回答往往是一种完全否定的回答。这是因为以量变引起质变的模式中,量变是质变的根据与前提。在没有任何"量变"的情况下,很难对作为"质变"的刑事违法性产生任何影响。产生以上问题的原因在于缓和的违法一元论对于"质"与"量"的关系缺乏深入分析。有学者认为:"缓和的违法一元论坚守的底线是:无论是刑事违法还是民事违法,作为其上位的违法性判断是统一的。违反任何一个法领域的不法行为应认为在整体法领域都具有违法性,在解释论上不能得出性质相反的结论,违法的判断是统一的,民法不保护的违法性,就不应该获得刑法的保护。"[2]其看似得出了与违法相对论相同的否定性结论,但是实际上该观点已经偏离了缓和的违法一元论原本所认为的"量"变引起"质"变的基本原理,而倒向违法相对论。这是因为,在辩证法中,量变质变规律揭示了事物发展量变和质变的两种状态,以及由于事物内部矛盾所决定的由量变到质变,再到新的量变的发展过程。这一规律提供了事物发展是质变和量变的统一、连续性和阶段性的统一的观察事物的原则和方法。[3] 但是刑法学毕竟是一门与哲学相并行的社会科学,两者有很大的相似之处,亦有很大的不同。已有学者指出,缓和的违法一元论中所谓的"质"仍然是"量"的问题,刑事违法与民事违法或者行政违法等之间只存在量的不同。[4] 总而言之,民法中的合法行为与非法行为能够被缓和的违法论中的"质"与"量"的关系所包含,但民法中不予保护的行为(不法原因给付)已经超出了该关系所能涵摄的范围。在这种场合中,不予保护既能被理解为不具有民事违法性"量"而不能被刑事违法性"质"的保护,也能被理解为民法上不予保护已经具备了民事违法性"量"的要求,可以对其作出刑事违法性"质"的

---

[1] 参见陈少青:《法秩序的统一性与违法判断的相对性》,载《法学家》2016年第3期。

[2] 童伟华:《日本刑法中"不法原因给付与侵占"述评》,载《环球法律评论》2009年第6期。

[3] 参见王锐生、薛文华主编:《马克思主义哲学原理》,高等教育出版社1993年版,第152页。

[4] 参见陈少青:《法秩序的统一性与违法判断的相对性》,载《法学家》2016年第3期。

保护。之所以产生这样的问题，在于缓和的违法一元论，忽视了行为规范与裁判规范在构成要件该当性与违法性上的区别。缓和的违法一元论重视行为规范的作用，法是行为规范，在指导人们行为时不能出现矛盾，否则大家将无所适从，因而缓和的违法论中的“质”与“量”的关系也是为行为规范的统一性服务的。但是这一切都是立法论与构成要件该当性要讨论的问题，并非解释论与违法性判断要讨论的问题。违法相对论重视裁判规范，认为在违法性判断上，民法、刑法领域中的行为模式统一性不应当被过分强调，更重视为司法提供一种裁判模式，是一种违法性的实质判断方式，只要不违反目的论矛盾即可。

本书赞成这种否定违法性判断是由“量变到质变”的形式演绎的观点。现实中，刑法的违法性的存在形式早已超出了量变到质变的概念射程范围。包括C命题那样的对于民法或行政法不予保护的利益，可否认定侵害该利益的构成要件该当行为具有刑事违法性？例如，不法原因给付制度所带来的问题，是否还包括其他部门法未规定，刑法违法性直接到“质”的问题？例如，在刑法理论中，刑法行为犯并不需要有犯罪结果的发生即构成既遂。换言之，行为犯在刑法中并没有表现出“量变”而是直接达到犯罪的“质”。总而言之，违法相对论认为，民法不认为是违法的行为，可以达到阻却刑事违法性的效果；对于具有民事违法性的行为，是否构成犯罪应由刑法进行相对的判断，而判断的基础当然仍以法秩序统一性为前提。

第三章　财产犯罪的保护法益

“刑法问题中存在很多与民法问题相交错的部分，立刻浮现于脑海中的便是财产犯罪领域——刑法中关于财产犯的讨论深受民法影响。”[1]所有权人从盗窃行为人手中偷回、骗回自己财物的，抑或无利害关系的第三人从盗窃犯行为人那里窃取、骗取赃物的，是否构成盗窃罪、诈骗罪？因合同到期，租赁物仍不被归还，权利人偷回、骗回标的物的，抑或无利害关系的第三人窃取、骗取该租赁物的，是否构成盗窃罪、诈骗罪或侵占罪？从非法持有毒品、淫秽物品等违禁品的人手中窃取、骗取该违禁品的是否构成盗窃罪、诈骗罪？将面粉伪装成毒品出售的，抑或谎称是黑社会可帮忙杀人报仇而骗取预支佣金的，抑或以欺诈手段骗免性工作者嫖资的，抑或以欺诈手段骗免赌债的，是否构成诈骗罪？中间行贿人截取行贿款进行挥霍的，或者被委托保管赃物的保管人侵吞保管物的，是否构成侵占罪？从比较法的

---

〔1〕 佐伯仁志、道垣内弘人『刑法と民法の対話』(有斐閣，2001 年)1 頁。

视角来看,在日本、德国此类所有权人或者第三人窃取、骗取赃物、违禁品以及其他针对不法财产侵害的问题,往往也是刑法理论中财产犯罪的法益或者财产犯罪的损害认定所讨论的热点问题。[1]

第一节 我国相关学说的主要争议

我国也面临同样的问题,特别是在行为符合不法原因给付的场合中,其所造成的法律后果往往使给付人所给付的给付物脱逸民法所保护的范围。由此所产生的问题便是不法原因给付的给付物能否成为我国刑法中财产犯罪所侵害的对象。从《刑法》第 91 条与第 92 条对公私财产的定义来看,无论是国有财产,劳动群众集体所有的财产,用于扶贫和其他公益事业的社会捐助或者专项基金的财产,在国家机关、国有公司、企业、集体企业和人民团体管理、使用或者运输中的私人财产,还是公民的合法收入、储蓄、房屋和其他生活资料,依法归个人、家庭所有的生产资料,个体户和私营企业的合法财产,依法归个人所有的股份、股票、债券和其他财产,我国《刑法》都把财产犯罪所侵害的对象分为公共财产和私人所有财产两大类共 8 种,并且都以财产为合法财产为前提。表面上,我国《刑法》所保护的财产范围与民法所保护的范围一致,刑法财产犯罪的对象应在民法所确定的合法财产的范围之内,民法与刑法并无法秩序的冲突。

一、学说研究现状

由于德日两国刑法学理论对我国的强烈影响,我国也产生了各种财产犯罪法益保护学说的支持者。例如,学者刘明祥、高翼飞分别在 2000 年《华中理工大学学报 · 社会科学版》第 1 期和 2013 年《中国刑事法杂

[1] 参见陈洪兵:《经济的财产说之主张》,载《华东政法大学学报》2008 年第 1 期。

志》第7期发表了《德日刑法学中财产罪保护法益问题之比较》与《侵犯财产罪保护法益再探究——为本权说辩护》,旗帜鲜明地表明了本权说的立场。无独有偶,学者郭泽强、邵劭在《鄂州大学学报》2001年第1期,以《对传统盗窃罪客体要件的追问》对占有说进行了理论背书。当然也有学者从德国法律/经济的财产说路径对我国财产犯罪法益保护进行了有益的探索。例如,陈洪兵教授在《金陵法律评论》和《华东政法大学学报》两份期刊的2008年第1期同时发表了《财产罪法益上的所有权批判》与《经济的财产说之主张》,对德国经济财产说在我国的财产犯罪上的适用进行了有益的尝试。

为了在规范和现实之间寻找到平衡点,更多的学者采取了中间说的立场。例如,有学者认为,财产犯罪的保护法益包括两部分:其一是所有权及其他本权,其二是有法律保护的占有状态。权力行使在没有合法占有的前提下排除财产犯罪成立的可能性。[1] 有学者认为,财产犯罪的保护法益居于首位的是以本权为核心的所有、租赁以及借贷等合法权利,然后才是"未经法定程序不得没收的利益"[2]。有学者认为,财产犯罪保护的法益除了所有权外,还包括平稳的占有。[3] 还有学者认为,根据立法与司法的现实考量,"我国刑法上财产犯罪的对象应当是具有经济价值且为法律认可(并非法秩序所禁止)之物或利益",采取法律/经济的财产说作为我国财产犯罪法益保护解释路径是妥当的。在处理财产犯罪的案件时,应以法律的经济财产说作为逻辑起点与分析路径。[4]

二、中国话语环境下的转换困境

司法实务中刑法财产犯罪的对象往往不仅仅是合法财产。2005年

---

〔1〕 参见张明楷:《法益初论》,中国政法大学出版社2000年版,第596页以下。

〔2〕 黎宏:《财产犯罪的保护法益》,载顾军主编:《侵财犯罪的理论与司法实践》,法律出版社2008年版,第50页。

〔3〕 参见周光权:《刑法各论》,人民大学出版社2011年版,第76~77页。

〔4〕 参见江溯:《财产犯罪的保护法益:法律—经济财产说之提倡》,载《法学评论》2016年第6期。

6 月 8 日，最高人民法院《关于审理抢劫、抢夺刑事案件适用法律若干问题的意见》第 7 条规定："以毒品、假币、淫秽物品等违禁品为对象，实施抢劫的，以抢劫罪定罪；抢劫的违禁品数量作为量刑情节予以考虑。抢劫违禁品后又以违禁品实施其他犯罪的，应以抢劫罪与具体实施的其他犯罪实行数罪并罚；抢劫赌资、犯罪所得的赃物的，以抢劫罪定罪，但行为人仅以其所输赌资或所赢赌债为抢劫对象，一般不以抢劫罪定罪处罚。构成其他犯罪的，依照刑法的相关规定处罚。"在司法解释中，刑法财产犯罪的保护对象延展到了非法财产，更加凸显了刑法的独立属性。

那么，在回答不法原因给付的给付物能否成为我国刑法中财产犯罪所侵害的对象的问题之前，必须先回答我国财产犯罪所保护的法益究竟为何的问题。然而，整体上国内的大部分文献多停留在对外国学说的梳理和引进上，并未详细地分析在中国法治环境下我国财产犯罪法益保护究竟为何，直接导致了在处理我国财产犯罪时的司法混乱。即使有部分学者试图在中国语境下对德日两国财产犯罪法益保护的两种解释路径加以本土化，也往往不能避免折中说与非折中说的自身理论缺陷，使得引进这种学说的努力大打折扣。

第二节　德国学说和判例

关于财产犯罪的保护法益，德国刑法学理论较早地形成了一套系统的理论体系。在德国，诈骗罪始终都是财产犯罪所关注的焦点。一方面，一直以来德国刑法学都是以刑法保护目的为研究指引；另一方面，德国刑法条文中诈骗罪的构成以财产损失为必备要件。因此，学说上形成了法律的财产说与经济的财产说的对峙。在漫长的司法实践历程中，两大学说各有胜负；然而在胜负的表面下，暗藏着深刻的社会变革的需求以及国民对于财产司法保护力度大小的诉求。

一、学说的争鸣

刑法之所以规定处罚财产犯罪,其根本目的在于保护财产权。在德国,关于财产损害的解释,始于对财产概念的研究。最早出现的是法律的财产说(Juristische Vermögenslehre),该说由宾丁所提倡。他认为财产的损害必须具有法律上的意义(Rechtssinne),仅有经济损失的损害只是充分非必要条件,而且在没有经济损失的情况下,也并非没有法的损害。[1] 该说认为,不用考虑反对给付的价值因素也可确认损害的成立。例如,把一个消费者希望购买的英国造的剃刀替换成德国产的剃刀时,损害便已经发生了。该说起源于德国帝国法院时期的早期判决,以不为民法所承认的财物或利益不能被认定为财产,属于刑法从属于民法的立场,即刑法上作为财产犯罪对象的财物的认定判断完全由民法来决定。依此说思维路径,不法原因给付物(如嫖娼者给付性工作者的预付款、赌博者支付的赌资等)属于无效债权,采用盗窃等非法手段取得的物,由于不受民事法律保护,不能成为财产犯罪法益保护的财产。第三者盗取、诈取、侵占这类钱财,自然也就不能构成财产罪。[2] 此种立场由于过于强调个人的主体权利而饱受批评。同时又有德国学者科劳斯·蒂德曼(Klaus Tiedemann)指出:"为什么一方面刑法不能对作为主要交易客体却没有权利表现形式的劳动力、商业秘密等进行保护,而在另一方面刑法却要保护没有一点经济价值的权利或作为主观信条的爱情利益。"[3]

与法律的财产说相对应的财产概念是纯粹(rein)经济的财产说(Wirtschaftlicher Vermögensbegriff),该说认为财产是一切具有经济价值

---

〔1〕 Karl Binding, *Lehrbuch des Gemeinen Deutschen Strafrechts*, BT, Erste Hälfte, 1896, S. 189ff.

〔2〕 参见刘明祥:《德日刑法学中的财产罪保护法益问题之比较》,载《华中理工大学学报(社会科学版)》2000 年第 1 期。

〔3〕 Klaus Tiedemann, in: Burkard Jähnke/Heinrich WilhelmLaufhütte/WalterOdersky (Hrsg.), Strafgesetzbuch, Leipziger Kommentar, Großkommentar, 11. Aufl., SechsterBand, 31. Lieferung, 1999, Rn. 128, S. 160.

物或利益的总和。通过经济观察的方法,凡是具有经济上交易价值的物,便可以被认定为财产。例如,不法原因给付中的财物,即使丧失了法律上的返还请求权,也应当被认定为财产犯罪中的财产。又如,通过盗窃行为所取得的财物,即使是赃物也具有一定的经济价值,因此便能成为财产犯罪的对象。无论是第三人还是权利人(所有权人),只要不通过法律程序而取得财物的行为,就有可能构成财产犯罪。经济财产说与法律财产说恰恰相反,所采用的理论基础是刑法独立于民法的立场。从保护范围的大小的角度来看,经济的财产说的保护范围显然要大大超过法律的财产说。在经济财产说看来,只要具有经济上的价值,该财产就应当受到刑法的保护。以该财产为侵害对象,就可以成立相应的财产犯罪。换言之,其弥补了法律财产说在保护范围上时而过宽时而过窄的漏洞。但此说所带来的问题是,在保护范围上仍具有不确定性,宽大的保护范围延展到刑法之外,造成了刑法与刑法之外法秩序的龃龉。

为了弥补以上两说的缺陷,德国形成了新的通说,即法律的经济财产说(Juristische-ökonomische Vermittlungslehre),并得到汉斯·韦尔策尔(Hans Welzel)等学者的支持。该说认为财产是在法秩序保护下的,可以被任何人持有的具有经济价值的总和。换言之,财产不仅是权利,还应当具有在法秩序保护下的经济地位。[1] 国家在社会治理上主要通过实现刑法的法益保护功能来达到推动社会秩序平稳运行的目的。因此,法益保护的范围应以稳定的社会秩序为界限,只有有利于促进社会秩序发展的利益才是刑法要保护的法益。不被民法所保护的权利在社会秩序不冲突的情况下,仍然是刑法上所认可的法益。如自然之债、不法原因给付等,只不过不能是民法上不被保护的违法的利益。[2] 以法秩序统一性为构建基础的法律的经济财产说,在民刑关系上既不认可刑法从属,也不认可刑法独立。其认为刑法保护的法益范围应当与法秩序相一致。

---

〔1〕 Hans Welzel, *Das Deutsche Strafrecht*, 11. Aufl., S. 372.

〔2〕 林幹人『財産罪の保護法益』(東京大学出版会,1984 年)153 頁。

法秩序不认可的利益，即使具有经济价值也没有保护的必要。将非法利益纳入刑法保护体系，无疑是对法秩序的蔑视。因此刑法不应保护非法利益，不应挑战法秩序统一这一基本原则。[1] 在德国的司法实践中，原则上具有经济价值的财物或可以被衡量的利益都是刑法应保护的对象。但为了调和保护范围过宽而与法秩序统一性原则的关系紧张，在实际操作中，德国司法则往往会将财物的范围进行限制，将范围限定在民事合法的财物中，将非法财物排除在外，直接缓解了与民事规范的冲突。[2]

二、判例认定的变迁

德国学说中的判例分析则主要围绕著名的假堕胎药案进行展开。该案例大致内容为：行为人将无效的、原价为 30 ~ 40 芬尼的堕胎药伪装成具有药效的真堕胎药，以 10 马克的价格卖给孕妇。鉴于堕胎行为在德国刑法中属于犯罪行为，为此而支付的金钱行为，属于典型的不法原因给付。对于行为人的诈骗行为是否属于诈骗罪，德国帝国法院一改 1910 年以前一贯采用的法律的财产说，转而采用经济的财产说支持成立诈骗罪。法律的财产说的首倡者宾丁对此进行了激烈的批评：其一，国家刑罚权的启动，虽然可以有效防止诈骗孕妇行为的发生，但是刑罚的必要性与刑罚的正当性毕竟是两个层面的问题；其二，法院认定，孕妇减少的 10 马克为财产犯罪中的损失，但是财产的内容应由作为规制财产关系的民法来界定，刑法不能僭越。也就是说，民法上孕妇并不具有民法上获取真堕胎药的民法权利，故不能承认有刑法上的财产存在。根据法律的财产说的路径，由于民事上不认可的财产非刑法所保护的财产，因此从盗窃犯手中盗窃赃物的不构成盗窃罪，从盗窃犯手中骗取赃物的不构成诈骗罪。虽然宾丁的观点不无道理，但是鉴于司法实践中德国法院态度的质的变化，真正支持法律财产说的学者已经所剩无几。更多的

---

〔1〕 林幹人『財産罪の保護法益』(東京大学出版会，1984 年)153 頁。

〔2〕 参见江溯：《财产犯罪的保护法益：法律—经济财产说之提倡》，载《法学评论》2016 年第 6 期。

学者则是通过经济财产说与法律的经济财产说对此类案件展开解释。

经济财产说把整体的具有经济价值的利益视为财产,在经济价值与金钱可以互相进行替换的视角下,金钱上的得失就是判断有无价值的基准。例如,从盗窃犯手中盗窃赃物的构成盗窃罪,从盗窃犯手中骗取赃物的构成诈骗罪。因此按照该说的观点,前述的诈骗孕妇购买假药案,孕妇基于认识错误而支付钱款造成财产上的损失,诈骗罪当然成立;法律的经济财产说从法秩序的统一性、实质主义与结果无价值论三个方面进行考察,认为所谓财产就是法秩序并不非难的、具有经济价值的整体。刑法上的法益即使并不要求必须与民法上的权利一致,但也不应该是民法上不保护的违法利益。以上述诈骗孕妇购买假药案为例,行为人诈骗他人,使他人基于不法原因而给付财物,不成立诈骗罪。但是由于从法秩序的视角出发,对第三人而言,盗窃犯的占有依然是法秩序所需要保护的法益。因此认为从盗窃犯手中盗窃赃物的构成盗窃罪,从盗窃犯手中骗取赃物的构成诈骗罪。由此可见,两说除了在不法原因给付中还存在分歧外,其他的一些问题已基本结论一致。

从德国判例的发展流程来看,学界一致认为 1910 年是法律的财产说与经济的财产说的分界线。然而实际上,从德国司法判例的发展来看,学说的转型并非一蹴而就。随着传统的田园牧歌式的财产关系的解体,德国社会迎来了财产关系的现代化与财产犯罪案发率的爆发性增长,国家与社会对于要求处罚的法感情与日俱增。1887 年德国帝国法院关于保险费案件的判决已将金钱上的整体价值视为财产;[1]1894 年又

---

〔1〕 被害人表示缔结支付确定保险费的保险合同,尽管行为人也保证缔结这样的合同,但行为人所属的公司是相互保险公司,行为人使被害人加入了负有支付追加金义务的保险。加入支付确定的保险费的保险的,如果在支付保险费后发生了事故,加入者就成为单纯的接受保险金的债权人;而加入相互保险的,一方面成为接受保险金的债权人,另一方面在某些场合还负有支付追加金的义务。对此,德国帝国法院 1887 年的一个判决指出,关于作为诈骗罪要件的"损失",可能有两种观点:一种观点认为,被害人基于认识错误处分财产时,即如果知道真相就

进一步确认了权利之外利益的经济价值并将之视为财产。经过数年的努力,到了1910年的假堕胎药案发生时,在以金钱上整体价值是否损失为判断的理念下,因不法原因给付而给付的财物被理所应当地确认为是财产损害。经济财产说的采用,不再有理论上的障碍。

第三节 日本学说和判例

与德国刑法有显著的不同,日本刑法条文中并未规定财产犯罪以财产损害为必备的犯罪构成要件。然而随着德国以刑法保护目的的研究方法的进一步引入,日本刑法学界的学术自觉也开始渐渐地觉醒,对于财产犯罪法益保护到底为何展开了一系列颇具日本特色的思考。

不会处分财产时,不管这种处分在客观上是否给被害人的财产带来了不利,都属于造成了财产损失。另一种观点认为,仅此还不能认定为损失,只有当被害人处分财产的行为在客观上对其财产造成了侵害时,才能认定为损失。后一种观点是正确的。前一种观点将财产的构成要素的变更本身视为损失,但是,这种变更本身是一切交易的必然结果,原则上存在于所有的交易中,不能直接将其作为刑法上的损失。否则,就无视了刑法条文要求诈骗罪发生损失的规定。姑且不谈赠与等行为,在一般的交易中,被害人的给付与行为人的反对给付是一体化的,在认定是否发生了财产损失时,仅仅考虑被害人一方交付了财产是不够的,必须将被害人财产价值的减少与因此而导致的财产价值的增加进行客观比较。财产(不管是积极的还是消极的)是人的财产关系的总体,必须从整体上考虑。这里的"整体",是指只有其金钱上的整体价值减少时才是受到损失,增加时才是获得利益。但是,是否发生了财产损害,要根据行为当时的被害人的个别的财产关系来决定。除了金钱以外,其他的财物并不是对一切人都具有相同价值,也不是一切人都可以同样利用;尽管如此,个别化原则也并不意味着完全根据被害人的恣意或爱好来认定财产损失。如果现实上提供给被害人的财物,可以利用于被害人的合同目的,则不存在损失。于是,是否产生了财产损失,不是由被害人是否利用来决定,而是由被害人能否利用来决定。根据上述立场,德国帝国法院对上述案件作出了以下判断:被害人虽然负有支付追加金的义务,但相互保险中事先支付的保险费加上追加金,在许多情况下少于确定支付的保险费。此外,作为对被害人不利的因素,重要的是该保险公司的财产状况,因此不能一概断定有无损失,事实审还必须就上述情况作进一步调查。参见张明楷:《论诈骗罪中的财产损失》,载《中国法学》2005年第5期;林幹人『財産罪の保護法益』(東京大学出版会,1984年)49~50頁。

一、财产损害不要说与财产损害必要说

所谓的财产损害不要说与财产损害必要说的区别就在于财产犯罪的构成是否以造成财产损害为要件。支持财产损害为财产犯罪成立必备要件的是财产损害必要说;否定财产损害为财产犯罪必备要件的是财产损害不要说。与德国学者专注于财产损害概念不同,日本学者们把主要的关注点放在了财产保护法益到底为何的问题上。在此之前,日本刑法理论界对财产损害是否必要进行了有意义的讨论。

最初日本对于"财产损害"并未给予足够的重视,是否给付了相应对价财物并不影响诈骗罪的成立,财产损害不要说占据通说的地位。[1] 作为通说的根据,则是由于日本刑法自古以来深受中国唐律的影响,把盗窃罪与诈骗罪并列。在很长的时间中,日本把诈骗视为准盗窃,以取得行为作为构成犯罪的要件,而且《日本刑法典》第 246 条规定:"欺骗他人使之交付财物的,处 10 年以下惩役。以前项方法,取得财产上的不法利益,或者使他人取得的,依前款处罚。"其中并未出现"对他人的财物造成损害"的字样。值得注意的是,在明治初年到昭和 14 年,日本的司法实务界并未像理论界表现得那么一致。财产损害不要说并未在判例中被完全贯彻。其中既有以没有造成财产损害而否定诈骗罪的判例[2],也有虽然提供了相应的对价财物,仍构成诈骗罪的判例。[3] 而德国则与之相反,学说与判例都以财产损害为必要为通说。例如《德国刑法典》第 263 条第 1 款规定:"意图使自己或第三者获得不法财产利益,以虚构、歪曲或者隐瞒事实的方法,使他人陷入或者维持错误,从而造成他人财产损失的,处 5 年以下自由刑或罚金",其中明确规定"造成财产损害"属于诈骗罪的构成要件,因此如果不发生财产上的损害,则不构成诈骗罪。

---

〔1〕 泉二新熊『日本刑法論下编』(有斐閣,1921 年)159 頁以下;牧野英一『重訂日本刑法下卷』(有斐閣,1938 年)385 頁;木村亀二『刑法各論』(日本評論社,1938 年)138 頁。

〔2〕 例如大判明治 42・4・29 刑録 15 輯 524 頁。

〔3〕 例如大判明治 43・5・17 刑録 16 輯 879 頁。

随着德国刑法被陆续引进日本,财产损害必要说渐渐地形成了与明治初年的财产损害不要说的对立。不过日本刑法学界,即使在支持财产损害必要说的内部,也有不同的见解。一种是把财产损害作为诈骗罪独立构成要件的观点。例如,前田雅英教授认为,以财产、财物为对象的诈骗行为,只有造成了财产损失,才有可能触及财产法益。因此,财产损失是法益是否受到侵害的重要指标,将其列入诈骗罪的构成要件则理所应当。在诈骗行为转移财产之外,还有必要判断是否造成了财产损失。〔1〕此种观点认为,在行为转移财产之外,财产犯罪是否既遂还要继续进行"财产损失"的判断。另一种则反对将财产损失列为诈骗罪的犯罪构成要件。例如,山口厚教授则指出,在日本刑法条文中无法找到其成为构成要件的依据。被害人的财物被无端地转移,利益被任意地侵害本身就是诈骗罪法益遭受损失的直接表现,实在没有必要将财产损失再进行单独认定。换言之,"转移财产"就是财产损害,关键在于能够确定转移财产本身具有实质的法益侵害。〔2〕 当然,在财产损害必要说内部,财产损害是否是独立的构成要件其实已经意义不大了。这是因为,把财产损害视为财产犯罪成立必备要件的财产损害必要说,其"财产损害"的概念已经影响了犯罪的构成,至于是明是暗则无关紧要。

虽然从日本书献中的学术讨论上来看,日本刑法理论界已经普遍接受了财产损害必要说的立场,但是由"财产损害"而引起的争论并未停止。接踵而至的便是个别财产说与整体财产说的对峙。个别财产说认为财产犯罪是以个别财产为犯罪之对象,是否造成损害应当根据取得财物自身来判断。如此一来,损害的内容则是财物的占有或者其他权利,支付了相当的对价与财产犯罪的成立与否没有必然的关联。以诈骗罪为例,如果不受欺骗就不会主动交付财物的话,那么即便是支付了相当的金钱或者支付了更多的金钱,依然构成诈骗罪。因为支付对价,无非

---

〔1〕 前田雅英『刑法各論講義』(東京大学出版会,1999 年)240 頁参照。

〔2〕 山口厚『刑法各論』(有斐閣,2003 年)263 頁。

是诈骗的手段而已。[1] 在如今日本的司法实务界也往往采取个别财产说的立场,判例认为如果没有欺骗人的行为就不会交付财物时,因为行为人诱使被害人错误处分,造成交付本身就是财产性损害。就被害人而言,财物的丧失就失去了使用、收益、处分的财产利益,因此,该行为对被害人的损害是显而易见的。

综上所述,个别财产说在财产损失的认定上,重视被害人因行为人的诈骗而陷入错误处分财物本身,而不在意被害人交付财物与收受财物价值上的差异。据此诈骗他人占有的违禁品的构成诈骗罪;骗回合同期满但对方拒不返还自己财物的构成诈骗罪;甚至,所有人从盗窃犯手中骗回自己财物的也构成诈骗罪。[2] 在我国,张明楷教授也支持用个别财产说来认定财产犯罪中的财产损失。只不过与日本通行的形式的个别财产说不同,其认为实质的个别财产说更加合理。形式说与实质说在财产损失是诈骗罪构成要件上具有共识,但在判断是否造成了损失则有显著不同。实质说认为,纯粹的交付行为并不必然地造成财产损失,是否具有损失需要另行的单独判断。例如,行为人提供价值相当的财物,是否构成财产犯罪,要看被害人的交易目的是否实现。被害人想买一款英国的刮胡刀,行为给付了相当价值的德国刮胡刀,则被害人的交易目的基本能实现,则不构成诈骗罪。反之如果交易目的无法实现,即使交付了相应的财物,依然构成诈骗罪。

与个别财产说不同,整体财产说认为财产犯罪是对整体财产的犯罪。换言之,财产的损害应当从整体的视角去审视,整体应然包含财物的客观价值和主观价值两部分。客观价值不难理解,就是被害者收支财物的价值比较;主观价值则是依据被害人对财物的利用可能性等主观价值是否缺失来进行判断的。例如,医生谎称被害人患有冠心病,将价值

---

〔1〕 参见[日]大谷实:《刑法讲义各论》,黎宏译,中国人民大学出版社 2008 年版,第 246 页。

〔2〕 参见张明楷:《法益初论》,法律出版社 2000 年版,第 596 页;张明楷主编:《外国刑法纲要》(第 2 版),清华大学出版社 2007 年版,第 535 页以下。

5000元的药丸卖给被害人。实际上被害人根本没有病。该案中虽然被害人交付5000元,得到价值5000元的药丸,客观上并未损失,但被害人身体健康,药丸的价值对于被害人来讲则不具有使用上的价值性,主观上受损失。因此,行为人仍然构成诈骗罪。历来个别财产说认为整体财产说仅从财产的客观价值上比较认定财产损失过于形式化的批判,是对整体财产说的误解。[1]

本书认为,无论是个别财产说,还是整体财产说都是针对财物损失而言的不同学说,研究财产损失,无法绕开财产犯罪法益保护的相关研究。在相同的语境下,整体财产说与个别财产说可以转换为法律的财产说和经济的财产说。另外,当形式的个别财产说被彻底贯彻时,则根本不考虑行为人实施财产犯罪时是否进行了对价给付,其立场与财产损失不要说一致;当个体财产说从形式向实质转变时,已经和整体财产说中区分客观价值与主观价值的立场没有什么差别了。[2] 由此看来,整体财产说与个体财产说对峙的根本原因在于财产损害不要说与财产损害必要说的立场划分。同时,在不同语境下整体财产说与个别的财产说可以转换为法律的财产说和经济的财产说的财产犯罪法益之争。

二、本权说、占有说及中间说

在财产犯罪法益保护的理解上德日两国刑法学者也早早地分道扬镳。与德国以诈骗罪为中心的财产犯罪研究不同,日本学者另辟蹊径选择了以盗窃罪为研究核心对象的学理分析路径。并由此演化出财产犯罪保护的法益究竟是本权还是占有的对立,很快将学说对立的"战火"燃烧到财产犯罪的方方面面。[3]

(一)本权说

由于《日本刑法典》第235条规定盗窃罪的构成要件为窃取"他人财

---

〔1〕 参见任永前:《论诈骗罪中的财产损失》,载《法学杂志》2015年第5期。

〔2〕 参见任永前:《论诈骗罪中的财产损失》,载《法学杂志》2015年第5期。

〔3〕 参见刘明祥:《德日刑法学中的财产罪保护法益问题之比较》,载《华中理工大学学报(社会科学版)》2000年第1期。

物”，因此本权说认为，财产犯罪保护的法益是所有权及其他本权（包括质权、留置权、租赁权等）。其理论基础有两个：其一，如果所有权及其本权并非财产犯罪的保护法益，那么则难以解释说明，盗窃或抢劫财产后，对取得财产进行毁损的行为是一种不可罚的事后行为。其二，《日本刑法典》第 242 条规定，即使是自己的财物，被他人占有或者依照法律由他人看管时，依然视为他人的财物。这里所说的“他人占有”，则视为他人之物的前提是基于合法原因的占有，并不包括非法的占有。因此所有权人从盗窃犯手中取回自己的财产，由于盗窃犯对财物的占有并不合法，所有权人取回自己财产的行为属于权利行使，因此不构成盗窃罪。以此路径，在商事交易中，权利人使用非法之手段，对其合法债权强行实现的行为亦不构成财产犯罪。例如，通过暴力手段强行索要自己合法的到期欠款的行为，由于合法债权的存在，即使可能构成涉及人身伤害的犯罪，也不应构成财产相关的犯罪。[1]

（二）占有说

占有说认为，财产犯罪保护的法益为占有秩序，占有是所有权的外在表现形式。从实现财产交易的便宜性以及最大限度发挥财物价值的经济性来考察，占有的合法与否并不重要。对于被盗之物，即使所有权者，除了采用自救行为以及其他合法的手段取回之外，也不允许侵害盗窃行为人对赃物的占有，否则亦可构成相关的财产犯罪。至于权利人采用违法手段“行使权利”，已构成相关财产犯罪。[2]

从对日本刑法的新旧变迁来看，原《日本刑法典》第 366 条所规定的盗窃罪的客体为“人之所有物”，而现行《日本刑法典》第 235 条规定的“他人之物”，足以说明盗窃罪的客体比旧刑法有所扩大，并不仅限于他人所有权支配下的财物。另外，从《日本刑法典》第 242 条的规定来看，其进一步强调了财物必须在他人占有之下的含义。因此，“他人之财物”

〔1〕 瀧川幸辰『刑法各論』（世界思想社，1951 年）119～120 頁。

〔2〕 牧野英一『刑法各論下巻』（有斐閣，1951 年）594、598、601 頁参照。

从文义上理解，是指他人占有的财物。同时，《日本刑法典》第 242 条所规定的盗窃罪的客体，并无以他人所有物为中心的含义，只不过是注明财物必须在他人占有之下，至于占有是合法还是非法，则在所不问。

关于财产犯罪法益保护的理论，最初日本的判例与通说皆采取的是本权说。如借款人通过非法手段骗回或窃回作为借款担保凭证的"恩给年金证书事件"，[1]因为根据日本法律规定恩给年金证书是法定禁止担保物品，债权人无法取得恩给年金证书合法本权的占有，大审院因而否定其财产犯罪的成立。[2] 然而，"二战"之后，发生了一起与"恩给年金证书"大同小异的"国铁年金证书担保案"（该证书亦禁止担保），日本最高裁判所却采取了与之前截然相反的"占有说"，认定"将自己所有的国铁工伤年金证书作为担保物提供给债权人尽管无效，但债权人对上述证书的所持应得到保护"，该行为成立诈骗罪。[3]

（三）中间说

围绕着本权说与占有说在理论上的博弈，日本司法实践也开始进行了左右摇摆，随着保护需求的不断提高占有说渐渐地占据了上风。然而，一些学者有感两种纯粹的学说在理论上皆具有无法克服的缺陷，中间说因此应运而生。[4] 经过我国学者刘明祥教授对日本中间说的考证，中间说往往分别以本权和占有为路径，对原有的两大学说进行修正。

1. 以本权说为基础的中间说[5]

（1）小野说：小野清一郎首倡的中间说。该说认为能够成为财产犯罪对象的财物，即使不是基于本权的占有，也必须是具有"一点理由的

---

〔1〕 一种日本的养老金制度。工作一定年限的公务员在退职或者死亡后，由国家支付给本人或家属的年金或一次性补助金。日本的这种养老制度于昭和三十四年（1959）改为互助年金制度。

〔2〕 参见日本大审院 1918 年 9 月 25 日判决，载《大审院刑事判决录》第 24 辑 1219 页。

〔3〕 参见日本最高裁判所 1959 年 8 月 28 日判决，载《最高裁判所刑事判例集》第 13 卷 10 号 2906 页。

〔4〕 参见刘明祥：《德日刑法学中的财产罪保护法益问题之比较》，载《华中理工大学学报（社会科学版）》2000 年第 1 期。

〔5〕 阿部纯二『刑本基本講座』（法学書院，1993 年）11 ~ 15 頁参照。

占有”。

（2）团藤说：团藤重光首倡的中间说。该说认为财产犯罪法益保护的本质就是财产的所有权，但是为了对所有权进行更加全面地保护，则把作为占有之基础的本权（质权、留置权、租赁权等）以及财产性利益作为财产犯罪法益保护的重要补充而一并加以保护。换言之，占有应当成为财产犯罪保护的法益，除与所有权有冲突的占有之外。该说与德国法律的经济财产说有异曲同工之妙，皆是以所有权或法律认可的法益为前提，只要占有形态不与其矛盾，便能成为财产犯罪的保护法益。

（3）藤木说：藤木英雄首倡的中间说。该说认为刑法之所以对财产加以保护，是为了确保财产所有权上的全部权利能够正常地不被干涉地自由行使。实际上，占有的存在正是所有权得以被正常行使的前提保障。当然随着社会经济生活的日益复杂化、多元化、流动化，财产的所有权与占有分离已然成为新常态。占有只要表面上具有一点正当性，就应当成为刑法保护的对象。

（4）大谷说：大谷实首倡的中间说。该说赞成法律的经济财产说成为财产犯罪法益的指导学说。那些不被法秩序直接否定，同时仍具有一定经济价值的财物，理应视为财产犯罪的保护法益。进一步说，如果该财物的占有必须通过法律途径（如民事诉讼）被确认是否合法时，从保护交易安全、促进财物流通的经济便利的视角来看，这种占有的秩序就应予以保护。如果该财物的不法属性相当明显，则本权人通过权利行使取回财物，该原物所有人不构成犯罪。

（5）林氏说：林幹人首倡的中间说。该说认为财产犯罪的成立往往取决于民事法律上是否判定占有本身的合法性，刑法保护以民法上合法占有为前提。例如，从一般民事法理的视角出发，合同签订后所有权便从卖家转移到买家身上了，若买家未付款便对卖家所占有的财物进行抢夺，即使未侵害卖家的所有权，但此时的卖家的占有仍具有合法的抗辩事由，即合同履行抗辩权（货到付款），因此未付款而抢夺财物的行为，构成财产犯罪。若反之合同签订完在履行之前，卖家一物二卖撕毁合同的行为，虽然表面上侵害了买方的所有权，但民事法相关违约规则足以对其进行保护，刑法不应介入该经济纠纷中，卖家不应构成财产犯罪。

(6)曾根说：曾根威彦首倡的中间说。该说认为财产犯罪的保护法益为本权，本质上本权与占有并不存在冲突。并以此为出发点提出了三个原则：原则一，在以转移占有类型的盗窃罪中，法益保护应当将本权和占有统统纳入保护范围；原则二，当本权与占有产生保护冲突时，只有合法的占有才能有效对抗本权，才应当被纳入法保护的范畴，明显的不法占有应当被排除；原则三，单纯的占有是作为存在的法益应被纳入财产犯罪的法益保护中，因此赃物和违禁品亦存在占有的实然状态。是否成立犯罪的标准则以利益的优越程度判断。被害人从盗窃者手中取回被盗物的属于权利行使，不构成犯罪。第三人从盗窃者手中再次盗出赃物的，第三人没有合法的事由对抗盗窃者对赃物的占有，因此该行为构成盗窃罪。

2. 以占有说为基础的中间说〔1〕

(1)平野说：平野龙一首倡的中间说。该说的特点就是以占有属于盗窃罪的应然保护对象为前提，进而直接对占有概念本身进行限制以达到保护财产犯罪范围适中的目的。通过对占有"平稳"状态的判断，确定盗窃罪法益的保护范围可以说是本说的最大亮点。至于说何为"平稳"？平野说认为，合法民事关系的财物保管人的占有、违禁品的占有状态都应当受到保护。租借合同已逾期但尚未返还前，该占有仍具有平稳性，理应受到保护。但权利人行使权利从盗窃犯手中取回财物时，该盗窃犯的占有具有明显的不法，因此不属于平稳的占有，该取回行为不构成犯罪。所以该说也被称为"平稳占有说"。

(2)西原说：西原春夫首倡的中间说。该说认为财物的本权才是财产法益保护的终极目标，占有的保护仅仅是其实现目标的手段而已。对

〔1〕 法曹同人法学研究室『詳説刑法各論』(法曹同人，1990年)125頁参照。

纯粹的占有保护没有意义。平稳的占有应当具有绝对性。从双方当事人的角度出发,去衡量占有的平稳性不具有实践意义。比如,同样是针对盗窃犯手中的赃物实行取回行为,财物的所有人的取回行为与第三人的取回行为本质上并没有任何区别。但是将本权所有人与盗窃犯、第三人与盗窃犯进行比较时,则会出现前者认定为不是平稳的占有,后者认为是平稳的占有这种矛盾的评价结论,使得本来就抽象的平稳占有说更加不具有可操作性,标准也极不统一。因此,对于平稳的占有应当以一般人的认知作为标准,才更加具有客观性。例如,盗窃犯对所盗财物的占有从一开始取得方式就不具有合法性,因此不可能转化为平稳占有,针对该盗品的取回行为都不成立犯罪。

日本之所以会产生财产犯罪法益保护的诸多学说,并有着从本权说向占有说,特别是向中间说过渡的前后顺序。一则是由于本权说诞生较早,因而深受古典法学派的影响,占有说则产生于近代法学派盛行的年代。由于日本古典法学派的势力一直占据刑法学界的主流,所以本权说一直处于通说的地位,支持占有说的学者始终处于少数说。当然随着两派的交融,纯粹的本权与占有说已经越来越不能适应变化的社会环境,中间说越来越受到学者们的青睐,其中平稳的占有说最为有力。[1] 二则是“二战”后初期,日本社会经济疲敝、秩序混乱,社会上出现了大量所有权与占有脱逸、分立的新常态,并且财产犯罪激增,为了保护个人财产,恢复社会经济秩序,则不得不对所有权相关的占有、持有本身进行暂时的保护。然而随着20世纪60年代日本经济的起飞,现实中财物的所有权与占有并未像战前那样统一起来,反而因为经济的起飞,财物存在的形式也日趋多元化。为了能够最大限度地物尽其用,权、占分离成为新常态。对占有状态的保护逐渐成为社会共识。日本最高裁判所为了回应这种社会现实的需求,维护正常的社会经济秩序,判例中往往对财物的占有、持有本身加以保护,占有说则往往被更多地采用。刑法学界为

---

〔1〕 前田雅英『刑法各論講義』(東京大学出版会,1999年)168~169頁参照。

了对判例进行更好的诠释，本权说与占有说皆做了相应的改良。

值得注意的是，从德日两国的司法判例走向来看，都经历了从法律的财产说（或本权说）到经济的财产说（或占有说）的过程，但这并不能判定为后者比前者更具有优越性的依据。这是因为国家经济结构的变革，财产关系的复杂化与财产犯罪处罚范围的扩大没有必然的关联性。实际上，司法机关采用什么样的学说，很大程度上与当时社会背景下财产犯罪的案发率密切相关。这也解释了为什么日本司法机关在明治初期社会初定，案发率高而采用占有说，大正时期社会发展平稳，案发率低而改用本权说，"二战"之后百废待兴，案发率又陡然升高，转而再转投采用占有说以扩大财产犯罪的保护范围的判例学说变迁。在一定程度上，此种变化与我国"治乱世用重典"的刑事政策不谋而合。反观20世纪中后期，日本的社会环境已经发生了很大的变化，案发律与刑事处罚律双双下跌到最低水平，加之法治的推进，财物的所有权基本已通过物权加以明确。占有说的扩张性保护已无必要。因此，主张回归本权说的立场也逐渐出现。[1]

（四）两种中间说的异同

通常认为保护占有的根本目的就是保护其背后的本权。因此，无论是"从本权说出发的中间说"，还是"从占有说出发的中间说"，在具体案件的适用上基本没有太大的差异。

"从本权说出发的中间说"认为，作为财物的持有人，其身后的占有必须有具体的财产利益作为依靠，既包括民法上的合法利益，也包括合法利益下延伸出的正当利益，并把这些利益视为本权说的解释范围之内。

"从本权说出发的中间说"依然坚守了刑法从属说的基本立场，以民法上财产保护作为刑法财产犯罪法益保护的前提。与"本权说"有所不同的是，该学说对于财产犯罪法益保护的范围有所扩大，不再以民法上

---

〔1〕 木村光江『財産犯論の研究』（日本評論社，1988年）471～472頁参照。

本权规定的范围为界。换言之,民法所保护的财产利益,刑法也应当且必须对此加以保护;民法对该经济利益不加以否定的财产利益,刑法也能对此加以保护。例如,财物的所有人把自己的东西借给别人使用,租赁期满后借用人拒绝归还,所有权人擅自将财物取回,无论借用人的占有多么平稳,该占有也不能对抗出借人的所有权,所有权人的行为不构成盗窃罪。再如,在分期付款的合同中,规定合同履行完毕前所有权仍保留在出卖人一方,买受人严重违约不再履行分期付款合同时,出卖人将物品取回,应不构成盗窃罪。[1]

"从占有说出发的中间说"则认为,占有其本身就是一种社会所认可的秩序,刑法应当对这种秩序进行保护,占有物背后所依靠的财产上的利益,没有必要盲目跟从民法上的判断,占有开始时如果是平稳的占有,就可以成为刑法的保护对象,因此,在合法占有转违法占有时,由于外观上仍是合法的占有,刑法应予保护。如上述案例,租赁期满后借用人拒绝归还,所有权人擅自将财物取回,则构成盗窃罪。同时,所有权保留买卖中,出卖人亦构成盗窃罪。

综上所述,两种分别从本权与占有出发的中间说的本质区别在于对民刑关系的基本出发点的分歧。为了补齐本权与占有两说自身的短板,两种中间说在法秩序统一性上基本达成了共识,仅仅是更多倾向于刑法从属还是倾向于刑法相对从属的技术性区别。所以,两者对于诸多问题的处理在结论上更多地表现出一致性。

(五)两种中间说的缺陷

首先,虽然"从本权说出发的中间说"在法秩序统一的基本观点上有可取之处,但是不同中间说之间在同一问题的结论上仍有不同。例如,对于国铁年金保证书担保案既认为是占有者没有值得保护的利益而无罪,又认为国铁年金保证书的占有具有经济价值,债务人取走证书的行为构成盗窃罪。这种在同一立场下得出不同结论的学说,所依靠的标准

---

[1] 西田典之『刑法各論第2版』(成文堂,2002年)153頁参照。

到底为何,至今仍没有给出一个令人信服的结论。难怪有日本学者指出,“从本权说出发的中间说”在解释力以及明确性方面,仍然有需要解决的问题。[1]

其次,反观“从占有说出发的中间说”中颇具影响力的“平稳的占有说”也并非尽善尽美。受到的批判如下:第一,“平稳占有说”将相同的占有进行了区别对待。第三者从盗窃犯手中盗取赃物与所有者从盗窃犯手中盗回赃物,在平稳的占有上的认定大相径庭。[2] 便有学者对此提出批评认为,“占有是纯客观存在的,并不因为与相对人的关系不同而改变性质”[3]。第二,“平稳的占有说”可能保护完全无权利的占有。按“平稳占有说”的路径,占有人取得占有是依据所有权人的意思,后来其占有所依据的权利来源丧失后,依然成立平稳的占有,刑法应对其占有进行保护,这种观点难以让人信服[4]。第三,“平稳的占有说”虽然号称是从占有说改进而来,但在一个行为是否构成犯罪的构成要件判断顺序上并不一致。“平稳的占有说”认为,财产犯罪保护的法益是对于财产平稳的占有,刑法并不保护赤裸裸的非法占有。在所有权人从盗窃犯手中将自己物品取回的场合中,“平稳的占有说”认为该物品非“平稳的占有”,行为侵害的不是财产犯罪的法益,因此该行为并不满足盗窃罪的构成要件该当性,因而不构成盗窃罪。与之相对,占有说认为,占有状态为财产犯罪的保护法益,在所有权人取回自己物品的场合中,所有权人的行为依然对“占有状态”产生了侵害,所以该行为符合盗窃罪构成要件的该当性,至于所有权人的所有权仅仅是一种违法阻却事由而已。有日本学者对“平稳的占有说”批评道:“将所有人的权利包含在盗窃犯人的占有之中的观点,削弱了构成要件该当性与违法性阻却事由的两次刑法判断的

[1] 铃木享子『財産犯の保護法益』(法学書院,1993 年)18 頁参照。

[2] 根据“平稳的占有说”,第三者从盗窃犯人处夺取赃物时盗窃犯人对赃物的占有是平稳的占有,所有者取回被盗物品时盗窃犯人的占有不是平稳的占有。

[3] 前田雅英『刑法各論講義』(東京大学出版会,1996 年)150 頁;曾根威彦『刑法各論の重要問題』(成文堂,1996 年)124 頁。

[4] 齐藤信治『刑法各論第 2 版』(有斐閣,2003 年)101 頁参照。

合理性,混淆了财产犯罪法益保护为何与该法益是否值得被保护两个问题的界限。正如在正当防卫中,对防卫者而言加害人的生命法益,并不能被其他人的生命法益所代替,防卫者将其击杀后依然符合故意杀人罪的构成要件该当性,只不过该生命法益是否值得被保护应在违法阶段进行判断。"[1]

综上所述,两种类型的中间说皆是为了克服"本权说"与"占有说"的自身缺陷而展开的,但是由于这种模糊"本权说"与"占有说"界限的做法,往往使得在解决具体问题时,没有明确的依据可循。

第四节　我国财产犯罪法益保护的应然展开

我国关于财产犯罪法益保护的刑法研究与德日两国同行相比,起步较晚。从法律渊源上来看,我国在刑法条文,特别是关于公私财产的界定上,具有深深的苏联计划经济的烙印。随着我国经济的发展,无论是财产的法律形式,还是财产的保护需求,从发展趋势上来观察,中国无疑越来越与德国和日本趋同,而与计划经济时代渐行渐远。然而,外国刑法中财产犯罪法益保护理论是不是就是我国财产犯罪法益保护的正确解锁方式,仍有必要进一步探究。

一、我国财产犯罪法益保护传统说的反思

一般认为,我国通说中认定的财产犯罪法益保护为所有权说。[2] 其立法根据在于现行《刑法》第 91 条、第 92 条中通过"所有"概念对公私财物的界定。由此,便认为刑法条文中的"所有"就是物权法中的所有权概念。对于通说中所确定的所有权说,我国学者江溯对此展开了激烈的批

---

〔1〕 前田雅英『Lesson 刑法 37』(立花書房,1997 年)214 頁参照。

〔2〕 参见高铭暄主编:《新编中国刑法学》(下册),中国人民大学出版社 1998 年版,第 756 页。

评。观点如下:[1]

首先,从《刑法》第 92 条的规定来看,公民私人所有的财产包括储蓄、股份、股票、债券等财产,而这些财产并不是物权法上的所有权的客体,而应当被视为债权。

其次,《刑法》第 210 条第 1 款规定了盗窃增值税专用发票或者可以用于骗取出口退税、抵扣税款的其他发票,按照盗窃罪定罪,这里的发票显然不是所有权的客体;《刑法》第 265 条规定以牟利为目的,盗接他人通信线路、复制他人电信码号或者明知是盗接、复制的电信设备、设施而使用的,按照盗窃罪定罪,但这里的电信资源也不属于所有权的客体;《刑法》第 276 条之一规定了拒不支付劳动报酬罪,其所保护的显然不是财产的所有权而是劳动者获得报酬的权利即债权。

最后,从我国关于财产犯罪的司法解释和司法实践来看,财产犯罪的客体范围已经远超了动产和不动产,各种财产凭证、违禁品和虚拟财产等均被包含在刑法的财产犯罪范围之内。

笔者认为,我国传统的所有权说的确存在保护范围过于狭小的问题,无法满足保护财产的必要要求,同时,狭小的保护范围与现行法律规范造成了不小的冲突。按照法教义学的基本原理,当解释与规范相冲突时,解释应让位于规范,进而寻求更合理,且无冲突的解释路径。因此,财产犯罪法益保护的重构就变得尤为具有紧迫性了。那么,德国刑法中的法律财产说、经济财产说以及法律的经济财产说路径,抑或日本刑法中本权说、占有说以及中间说能否成为我国财产犯罪法益保护的有效解释路径呢?我们还需要对这两种路径进行彻底的分析。

二、中国视角下的两种解释路径分析

在我国,刑法对财产犯罪的保护法益进行了留白,这直接导致了我

---

[1] 参见江溯:《财产犯罪的保护法益:法律—经济财产说之提倡》,载《法学评论》2016 年第 6 期。

国刑法理论在该领域具有极大的解释空间可以发挥。[1] 无论是日本的本权/占有路径，还是德国的法律/经济路径在不与我国现行法所抵触的情况下，皆有可能成为我国财产犯罪法益保护所依赖的分析路径。当然，在引入之前，有必要对这两种解释路径的本土化进行"取样分析"，在前文中，已经简单地介绍了相关学说的基本内容，以下则针对各个解释路径的缺点展开分析，以避免本土化的过程中产生"水土不服"的症状。

（一）本权/占有财产说路径的缺点[2]

江溯教授认为，本权/占有路径无法为财产犯罪法益保护提供一个共同的、统一的理论基础。并以此为结论，对本权/占有路径展开了两方面的批判。

其一，本权/占有路径无法满足现在财产犯罪法益保护的需求。众所周知，民法上的所有权仅能对有形财产进行解释，财产性利益并不能被民法上的所有权概念进行涵盖。同时，占有说也不可能满足财产犯罪法益保护的需求，这是因为，财产性利益与侵占是财产内容与财产形态的两个层次的区别。对财产内容的侵害就是对财产法益本身的侵害，而且占有的侵害并不能直接说是对法益的侵害。[3] 同时，由于日本刑法理论中对于财产犯罪法益保护是围绕盗窃罪来进行分析的，日本盗窃罪的保护法益原则上仅包括动产，例外的情况下则由《日本刑法典》第245条

---

〔1〕 参见杜文俊：《我国财产犯罪法益保护理论再考察及修正——以审判实践及本土刑法文化为视角》，载《政治与法律》2016年第3期。

〔2〕 参见江溯：《财产犯罪的保护法益：法律—经济财产说之提倡》，载《法学评论》2016年第6期。

〔3〕 与之有相同观点的学者还有车浩教授。车浩教授认为：当占有的对象由有体物扩大到权利或者利益时，占有的核心含义也随之消失了。对于一个客观构成要件中的动宾结构而言，动词的含义与动词所指向的宾语的含义是相互制约的，当人们对宾语的含义也就是行为对象的范围做出调整时，不能忘记这也必然会影响在语法结构中表现为动词形式的行为的含义。在日常语言中，"吃饭""喝酒"属于固定的搭配形式，而不能被任意置换为"吃酒""喝饭"；在刑法上，也不会出现"杀财物"和"毁坏人"这样的用法，当行为对象由财物变为人时，相应的行为动词也必然由毁坏变成杀害。但是，一些观点在讨论将盗窃罪的对象由有体物扩展到财产性利益的时候，有意或无意地忽略了在盗窃对象大幅扩张的同时，是否还能与占有相搭配。好像占有对象由有体物替换成无形的财产性利益，对于占有这个词的含义完全没有重要影响似的。参见车浩：《占有概念的二重性：事实与规范》，载《中外法学》2014年第5期。

把电力拟制为财物加以认定。与之相反，我国盗窃罪中保护法益的外延则是通过“公私财物”的概念进行界定的，然而“公私财物”的范围，根据我国《刑法》第 91 条和第 92 条的定义显然已大大超出日本盗窃罪中财物以及电力的范畴。因此，主要发轫于日本刑法盗窃罪的本权/占有路径能否成为解释我国财产犯罪的保护法益的基本框架则有很大的疑问。

其二，若财产犯罪法益保护包含对财物的占有状态，则容易造成“占有转移罪之构成要件的占有与占有转移罪的保护法益”之间的混乱。换言之，成立占有转移罪的前提，往往要求行为人对财物进行了事实上的占有支配，大部分情况下，这种改变占有的场合必然需要对被害人的占有状态进行侵害。但是，值得注意的是，“占有是否被侵害与保护法益是否被侵害”往往是两个层面的问题。例如，通过窃取行为“取回”自己已质押出去的财产的行为。日本理论界与刑事司法界一直对上述行为认定为盗窃罪几无争议，原因在于《日本刑法典》第 242 条所规定的“虽然是自己的财物，但为他人所占有，或者基于公务机关的命令由他人看守的，就属于本章犯罪（盗窃罪、侵夺不动产罪、抢劫罪等），视为他人的财物”。这种硬性的规定，使得日本刑法理论界与司法界没有办法无视占有状态对盗窃等罪成立的影响，进而模糊了占有转移罪之构成要件的占有与占有转移罪的保护法益的界限。反观我国，现行刑法与司法解释，并没有对自己拥有所有权但却被别人占有的财物的“取回”行为的明确规定，因此，仅仅是“取回”自己财物的行为，在没有后续以财物丢失而索要赔偿的其他行为时，我国刑法也并不认为此为盗窃行为。退一步讲，即使把占有的状态认定为财产犯罪的保护法益，其仍面临对于财产性利益以及非占有转移罪（如侵占罪）的解释困境问题。因此，本权/占有路径以及该路径下的中间说，都不具备为财产犯罪的保护法益提供一个共同的、统一的理论基础的能力。

（二）法律/经济的财产说路径的缺点

德国刑法理论对于财产犯罪的普遍做法是将其分为两大类，即侵犯所有权的犯罪（Eigentumsdelikt）与侵犯整体财产的犯罪（Vermögensdelikt）。

前者以所有权的丧失为犯罪成立的标准，后者以财产整体价值的贬损为犯罪成立标准。[1] 目前在我国刑法中，财产犯罪的构成要件上基本上都有“数额较大”的规定，而且刑事审判实践中，也多以财产损失为成立犯罪的判断标准。[2] 因此，便有学者认为，“我国绝大多数财产犯罪不是侵犯所有权的犯罪，而是侵犯整体财产的犯罪”。[3] 经济财产说认为，只有造成经济损失才能被评价为侵害财产犯罪法益保护的对象。而我国绝大多数财产犯罪都要求有经济损失为前提，与经济财产的概念相契合。所以经济财产说认为，我国应采取法律/占有路径。已有学者对此观点进行了批判：一方面，虽然法律/经济的财产说路径是在整体财产说的前提下展开的，但整体说与个别财产说的界限并未如想象的那般泾渭分明。例如，德国的通说认为，诈骗罪、恐吓罪是对整体财产的犯罪；而日本的通说则认为，诈骗罪、恐吓罪是针对个别财产的犯罪。此外，我国财产犯罪构成要件中的“数额较大”并不等于财产损失。“作为罪量要素的犯罪数额是站在行为人而非被害人的视角而言的，行为人取得一定数额的财物与被害人没有受损失并不矛盾。”例如，行为人 A 不告而取，拿走被害人 B 价值 5000 元的手机的同时，留下了 5000 元的现金作为补偿。再如，行为人 C 将价值 100 元的娃哈哈桶装水冒充成同样价值的农夫山泉桶装水，并对被害人 D 进行交货。以上两个例子的行为人都取得了一定数额的财物，但从整体上看，被害人并未造成损失。总之，从我国刑法与司法解释将“数额较大”作为财产犯罪的构成要件并不能直接得

---

〔1〕 侵犯所有权的犯罪包括盗窃罪、侵占罪、毁坏财物罪、抢劫罪等；而侵犯整体财产的犯罪则包括诈骗罪、敲诈勒索罪、背信罪等。侵犯所有权的犯罪重视对所有权本身保护，至于被害人的财产在整体上是否减损，在所不问；相反，侵犯整体财产权的犯罪保护的是被害人财产的整体价值，构成这种犯罪要求被害人财产总量有所减损。参见江溯：《财产犯罪的保护法益：法律—经济财产说之提倡》，载《法学评论》2016 年第 6 期。

〔2〕 参见陈洪兵：《经济的财产说之主张》，载《法学论坛》2008 年第 1 期；周旋：《我国刑法侵犯财产罪之财产概念研究》，上海三联书店 2013 年版，第 143 页。

〔3〕 江溯：《财产犯罪的保护法益：法律—经济财产说之提倡》，载《法学评论》2016 年第 6 期。

出我国财产犯罪是针对整体财产的犯罪的结论。[1] 另外,针对纯粹的经济财产的概念,我国台湾地区学者黄荣坚教授也认为,纯粹的经济财产概念对于财产法益的保护时而过宽时而过严,例如,小偷就赃物的“权利”除了占有物被侵夺时有关的保护规定以外是民法所不承认的,但是如果在刑法的诈骗罪里头采取纯粹的经济的财产,那么“黑吃黑”的情况下对小偷施骗的人还是构成诈骗罪。问题是诈骗罪的意旨固然是对于财产的保护,但是它的范围是否大到连法律上本来就不应该享有的财产上的权益我们也要去保护它呢?不管纯粹的经济的财产概念对于财产法益的保护是太宽或太严,它都造成了整个法律体系内部评价矛盾,因此基于法律秩序一体(Einheit der Rechtsordnung)的原则,纯粹的经济的财产概念应不予采纳。[2]

除此之外,张明楷教授分别对法律的财产说与经济的财产说进行了批判。[3]

首先,他认为作为法律的财产说逻辑前提的刑法从属性与违法一元论两个学说皆有不妥。刑法从属说直接将刑法作为其他法律规范的保障法,将其划入法秩序保护的最后防线。用刑事处罚否定那些第一规范的违反者,谋求法律评价上的再次平衡。如果说由刑法从属说所推导出的刑法作为必要的恶的结论还具有妥当性,那么,由此推导出刑法只能保护已经被第一规范所保护的利益,而第一规范未加保护的利益刑法也不能保护的结论则无法令人信服了。刑法不仅有已远超其他法律规制范围的犯罪行为,还具有独立的刑罚目的、特殊刑法效果。因此,刑法的独立品质显而易见。违法一元论认为,违法性应当在整体的法秩序下进行统一的判断。民事不法,刑事亦不法,同理民事合法,刑事亦合法。其将民事不法给归入一般违法,而刑事不法则归入一般违法的下位概念,

---

〔1〕 参见陈文昊:《我国不宜采取法律·经济财产说的分析框架》,载《陕西行政学院学报》2017年第1期。

〔2〕 参见黄荣坚:《刑法问题与利益思考》,台北,元照出版社2001年版,第94~95页。

〔3〕 参见张明楷:《论诈骗罪中的财产损失》,载《中国法学》2005年第5期。

认为刑事不法的判断应以确认民事不法为前提。没有民事不法则无法启动对刑事不法的评价,财产犯罪的成立更无从谈起。然而,各部门法鉴于保护范围的不同,违法性的内容亦有较大的区别。刑法上的违法性不能简单地与其他法律上的违法性等同视之。同时,法律的财产说已无法跟上经济快速发展的步伐,不利于财产与财产秩序的保护。比如,行为人针对不法原因给付的财物进行诈骗的,因为该财物具有不法性,所以不受法律保护,不构成诈骗罪;第三人针对赃物进行盗窃的,由于赃物不属于法律财产,因而不构成盗窃罪。这种分析路径下所得出的结论无法让人信服。

其次,他认为经济财产说虽然避免了法律财产说的保护漏洞,但仍存在两个无法避免的瑕疵:其一,保护占有的力度要远大于财产所有权的保护力度,属于本末倒置。例如,所有权人从盗窃行为手中骗回自己的财物时,由于盗窃行为人对赃物占有,且赃物仍具有经济属性,属于刑法上认定的损失,属于诈骗罪。这种结论显然不妥。其二,片面地扩大了财产犯罪的处罚范围,与我国的国情、刑事政策不符。例如,骗逃性工作者嫖资的行为也存在财产损失,因此构成诈骗罪。此种认定会让人误认为刑法保护卖淫行为,难以被大众所接受。

(三)本书的立场

首先,本书不赞成把两种路径的学说割裂、对立的做法。从逻辑上看,两种路径具有一一对应关系。从学说演变的视角下,两种路径的学说具有历史脉络的一致性。表面上,关于财产犯罪法益保护的问题,德日两国理论界都在各说各话。本质上,法律的财产说和本权说一般互为表里,经济的财产说和占有说在关键问题的处理上也往往难分伯仲。已有学者指出,“日本的本权说与德国的法律的财产说在具体结论上基本一致,日本的占有说和德国的经济的财产说基本一致,而日本的中间说也大致相当于德国的法律/经济的财产说”[1]。只不过需要注意的是,

---

〔1〕 陈洪兵:《经济的财产说之主张》,载《华东政法大学学报》2008 年第 1 期。

两国在展开保护法益研究时,选择的主要研究对象并不相同,日本以盗窃罪为中心,德国则以诈骗罪为中心。暂且抛开财产损失的争论不谈,"本权与占有"的理论框架与"法律与经济"的理论框架大体可以实现逻辑路径下的互换。在理论说理上也可以达到互为补充的效果。[1] 持有相同看法的还有我国学者杜文俊,他认为:两种学说虽然在构罪要件上有所不同,但针对具体的案件处理的结论本权说基本等同法律财产说、占有说亦基本等同经济财产说,而各种中间说的结论也大致与法律的经济财产说一致。[2] 实际上从历史的角度来看,原先在日本本权说的支持者可谓占有绝对的数量优势,但是在"二战"后国家经济百废待兴,经济秩序杂乱无章,恢复社会秩序则是国家当时的头号任务,因而司法判例顺应了社会环境的变化由本权说转向占有说。正如上文提到的国铁年金保证书一案,行为人将法律禁止用于担保的国铁年金保证书进行了担保,之后再将之骗回,日本最高裁判所认为,证书持有本身亦有受到保护的价值,行为人构成诈骗罪。至此,占有说成为日本的主流学说。无独有偶,德国财产犯罪法益保护学说,也经历了法律的财产说向经济的财产说的学说转型。20 世纪初期,德国的判例便已出现经济财产说的案例,然而却在"二战"后才成为通说。正因如此,已有学者指出,无论是占有说,还是经济的财产说,从本质上都强调对财产秩序的保护,而不仅仅关注财产本体,这一点在价值追求上无疑是相一致的。[3] 之所以德日两国财产犯罪法益保护会出现如此相同的趋势,则有赖于"二战"后整个刑

---

〔1〕 参见陈文昊:《我国不宜采取法律·经济财产说的分析框架》,载《陕西行政学院学报》2017 年第 1 期。

〔2〕 "日本刑法未明文规定要求财产损失,所以其财产犯罪法益保护的争论重心便是以盗窃罪为中心而展开的本权说和占有说等学说。而德国、瑞士和意大利等国的刑法明文规定诈骗罪等财产犯罪要求造成他人财产损失,所以需明确财产概念,在论述财产犯罪法益保护时便以诈骗罪的财产损失等概念为重心展开法律的财产说和经济的财产说等学说。不过可以认为,本权说和法律的财产说,占有说和经济的财产说,中间说和法律/经济的财产说的结论基本一致。"参见杜文俊:《我国财产犯罪法益保护理论再考察及修正——以审判实践及本土刑法文化为视角》,载《政治与法律》2016 年第 3 期。

〔3〕 参见陈文昊:《我国不宜采取法律·经济财产说的分析框架》,载《陕西行政学院学报》2017 年第 1 期。

罚目的的转向,即权利保护转向法益保护。虽然“刑法也要保护民事上不受保护的、违法的利益”的观点对法益保护的思想造成了不小罅隙,但是随着行为无价值、刑法独立性思想等思潮在德日两国刑法理论界的展开,这种罅隙被克服了。因此,本书认为两种路径皆可成为我国财产犯罪法益保护的分析框架。

问题是我国应如何引入这两种产生于外国、发展于外国的分析路径?众所周知,各国的财产犯罪法益观一般都深深地打上了各国实体法与传统的烙印。各国的财产犯罪法益观总是存在大大小小的不同之处,使得在学说引进上难以完全照搬,需要根据本国的具体实践加以改良。虽然日本刑法理论大多移植于德国,但在法解释上仍具有日式的独创性。体现最为明显的就是在财产犯罪法益保护的解释路径上,德日两国分别以诈骗罪与盗窃罪为原点,形成了与各自本国法相契合的理论体系。以盗窃罪为例,德国早在19世纪初《拜伦刑法典》就已经明确所有权为盗窃罪的保护法益,而日本则由于受中国法的影响历史上很长时间将侵占与盗窃混同,日本刑法以此传统为根据进化出本权与占有之争,大有在理论上与德国刑法并驾齐驱之势。

其次,因为刑法本身有一定的抽象性和模糊性,就必然给司法解释提供了较大的解释空间,司法解释对公私财产进行“扩张性”的解释往往很难避免。尽管理论上认为司法解释不能创制法律,但是我们无法忽视司法解释在我国司法实践中起着弥补刑事立法欠缺的作用。目前,我国不存在对司法解释内容是否合法的审查监督机制,因而,在司法实践中,即使与刑法规定不一致的司法解释仍然在被贯彻执行。[1] 鉴于实践中的需求和司法判例中的普遍态度,认为我国财产犯罪法益保护既包括本权/法律,又包括占有/经济是符合我国现行法律规定与基本国情。从理

---

〔1〕 例如,刑法通说认为,交通肇事罪是过失犯罪,但是,最高人民法院在2000年出台《关于审理交通肇事刑事案件具体应用法律若干问题的解释》第5条与刑法通说以及与我国刑法共犯规定相左的司法解释,认为指使肇事人逃逸,致使被害人因得不到救助而死亡的,以交通肇事罪的共犯论处。

论上看,既然国家禁止私人持有违禁品,私人当然不能拥有违禁品的所有权,该种场合下刑法除了保护占有/经济之外,别无其他。[1] 综观我国的立法与司法现状,一方面立法上根据我国《刑法》第 91 条、第 92 条的规定,公私财产被限定在"合法财产"的范围之内,更接近本权说或法律的财产说的立场;另一方面在司法解释上,最高人民法院《关于审理抢劫、抢夺刑事案件适用法律若干问题的意见》第 7 条以及最高人民法院、最高人民检察院《关于办理盗窃刑事案件适用法律若干问题的解释》第 1 条的相关规定,又把毒品、假币、淫秽物品等违禁品作为财产犯罪的对象,不难看出司法解释对占有说或经济的财产说的青睐。那么当立法与司法解释同时存在时,我们应当如何选择适用呢?一般认为,刑事立法是全国人大及其常委会制定的,而司法解释只是最高人民法院和最高人民检察院出台的解释。虽然从解释的效力来看,两者都属于有权解释,但由于立法解释更能体现立法的原意和精神,其解释的效力明显高于司法解释的效力。在规范层面上,解释对象相同时,当然应当以立法解释为主。同时,原则上司法机关应避免作出超越刑法规定内容的司法解释。在司法实践层面上,最高人民法院《关于司法解释工作的规定》第 5 条明确指出司法解释具有法律效力。换言之,在我国的法律解释体系中,司法解释和立法解释都属于有权解释,司法工作人员对于司法解释和立法解释中所规定的内容必须遵循执行。另外,我国的司法解释在某种意义上已经不仅局限于在字面意义上作一般性的阐释,事实上,在司法机关办理刑事案件的过程中,司法解释不但必须遵循,而且在某种程度上是首选采用的。学界有人称司法解释是"副法体系"。因此我们绝不应该否认司法解释具有极强的"法律性"特征。[2]

最后,本书认为财产犯罪的保护法益的范围应在构成要件该当性与

---

〔1〕 参见童伟华:《财产罪的法益——修正的"所有权说"之提倡》,载《安徽大学法律评论》2009 年第 1 辑。

〔2〕 参见刘宪权:《刑法学名师讲演录》(总论第 2 版),上海人民出版社 2016 年版,第 94 ~ 95 页。

违法性两个层面中有所不同。财产犯罪该当性中法益的范围既包括本权/法律的财产,又包括占有/经济的财产。而违法性判断上为了维持法秩序的统一,适当缩限被占有/经济的财产说扩大的处罚范围,应采取本权/法律的财产说进行出罪化。

采取此种分层法益观的好处有以下几点:

其一,能够更好地平衡规范与事实间的关系。在构成要件该当性阶段扩大财产犯罪法益的范围,同时在违法性判断阶段减小财产犯罪的法益的范围,并不是简单的一加一减。就构成要件该当性与违法性的关系而言,一般具备了构成要件该当性的行为,就意味着这一行为具备了某个犯罪的主要特征,在同一法秩序下禁止规范与允许规范并存往往较为常见,允许规范在效果上可以抵消禁止规范所带来的刑事违法性,也就是刑法理论中的正当化事由。这对形式上符合犯罪构成要件的行为走向犯罪起到"防火墙"的作用。换言之,正当化事由的存在,可以起到阻却犯罪成立的作用。所以,刑法理论将构成要件该当性称为积极的不法要件,将违法性阻却事由称为消极的不法要件。因此刑事违法性的判断成立应以符合构成要件该当性为前提,以不具有正当性事由为必要条件。构成要件该当性的意义更多的是表明刑法对于行为所持的态度,发挥构成要件的行为评价功能,促进刑法的一般预防。[1]

通过前文的叙述不难得出,无论是日本的本权说与占有说,还是德国法律的财产说与经济的财产说,都无法满足财产概念的日益发展。其争论的本质其实就是财产犯罪法益保护到底包括不包括我们日常生活中的"事实的占有"。日本刑法理论的中间说与德国刑法理论的法律/经济的财产说皆是为了在规范与事实之间寻找适当平衡而产生的,既要扩大"事实的占有"又不能脱离财产犯罪保护财产所有权这一本质要求。在刑法规范层面"合法"依然是我国公私财产的核心内涵,一切违禁物、违法物都不能被"类推"为公私财产成为我国刑法分则财产犯罪侵害的

〔1〕 参见李海东:《刑法原理入门:犯罪理论基础》,法律出版社 1998 年版,第 75 页。

对象。即使纯粹的占有说和经济财产说的支持者,也无法否认之所以保护"事实的占有"归根结底还是为了保护财产的所有权。纯粹地保护没有本权、违法的"事实的占有"毫无意义。但是,从我国的司法实践以及司法解释来看,保护"事实的占有"已经成为财产犯罪法益保护的既成事实,而且亦与德日两国的发展趋势相一致。在财产犯罪构成要件该当性中将规范与"事实的占有"一同纳入刑法的评价领域。同时在违法性判断中采取本权说、法律的财产说剔除掉不易作为财产犯罪侵害对象的违禁物、违法物以及自有物等,有利于降低"事实的占有"进入构成要件该当性,导致财产犯罪处罚范围扩大的风险,平衡规范与事实间的关系。

其二,能够有效地发挥法益与构成要件解释的连接作用。一般认为,法益并不直接影响一个行为是否构成犯罪,但对于构成要件要素的解释却有举足轻重的影响。[1] 法益是刑事政策,公民期许渗透教义学体系,影响犯罪构成的切入口。在财产犯罪中法益同样深刻地影响着犯罪是否成立。当以本权为盗窃罪的保护法益时,窃取就应当是具有"排除他人本权或行使本权的行为";非法取得意思就应当是"自己行使本权权利的意思";构成要件中的"损失"就应理解为"本权相关权利的丧失";构成要件中的"财物"就应当理解为"法秩序下的财产或利益"。与之相对,当以占有为盗窃罪保护法益时,窃取就应当是"以自己占有取代他人占有的行为";非法获取的意思就应当是占有财产的意思;财物就应当是具有经济价值的一切物品;损失就应当是财产经济价值的贬损。显然法益具有对犯罪构成举足轻重的影响。同理,法益与构成要件的连接不应

---

〔1〕 例如,就诬告陷害罪而言,丙为了在监狱中度过寒冬而请求甲举报其有罪,甲照做;乙在国外举报中国公民丁有罪,使得丁受到国外司法机关的追诉。在以上两个案件中,如果认为诬告陷害罪背后所保护的法益是他人的人身权利,那么对于本罪构成要件要素中的"诬告陷害"在理解上就应当排除被害人自愿接受的情况,甲不构成犯罪而乙成立犯罪。相反,如果认为诬告陷害罪所保护的法益是司法秩序,那么对于本罪构成要件要素中"司法机关"就只能限于本国的司法机关,甲成立犯罪而乙不成立犯罪。参见张明楷:《实质解释论的再提倡》,载《中国法学》2010 年第 4 期。

当被割裂。[1] 在"事实上的占有"被不得不拉进财产犯罪的保护法益的范围内时,通过构成要件的分层功能,能够对"事实上的占有"这一非规范概念所造成的构成要件判断标准虚化起到一定的遏制作用,使其不至于架空犯罪构成要件的犯罪标准指引功能。

其三,通过构成要件分层判断,能够有效避免各种中间说以及法律/经济的财产说的判断标准不明的缺点,兼顾处罚必要性的需求。一般认为,纯粹的本权说或法律的财产说会不当缩小财产犯罪法益保护的范围,无法适应日新月异的社会发展需求。与此相对,纯粹的占有说或经济的财产说又会过于扩大财产犯罪法益保护的范围,有违反刑法谦抑性的嫌疑。所谓的各种中间说或法律/经济的财产说都是为了弥补以上学说的处罚范围过窄或过宽的缺陷而诞生的。但是他们又往往面临在何时适用本权说抑或占有说,在何时适用法律的财产说抑或经济的财产说的诘问。财产犯罪保护的法益一时间成了"任人打扮的小姑娘",理论上只要采取各种中间说或法律/经济的财产说,无论是有法律依据的财产,还是"事实上占有"的财产都被囊括在刑事处罚的范围射程中。学者们创建了一个无所不包的天罗法网,恐怕连创制各种中间说的刑法专家,都不清楚哪些能够作为财产犯罪的对象,哪些不能作为财产犯罪的对象,如此一来就更别指望别人能理顺各种中间说到底有什么具体的区别了。财产犯罪法益判断标准的模糊性,还极易挤压处罚正当性的生存空间。基于堵截漏洞和惩罚必要性的需要,有法律依据的财产与"事实上的占有"都成为财产犯罪侵害的对象。在构成要件该当性阶段,财产犯罪法益保护可以采取中间说或法律/经济的财产说把具有法律根据的财产与"事实上的占有"都纳入刑事法律的评价中,满足了对外观上"占有"的刑法保护需求。因此,第三人对盗窃犯所得赃物的财产犯罪行为,依然有成立正当防卫的余地。在违法性判断方面,由于仅采用本权说或

---

〔1〕 参见陈文昊:《我国不宜采取法律·经济财产说的分析框架》,载《陕西行政学院学报》2017年第1期。

法律的财产说，标准单一、明确，使得法秩序统一性不保护的违法物品、不法原因给付的财产以及本人财产有可能被剔除出财产犯罪违法性的判断。能够有效避免各种中间说以及法律/经济的财产说的判断标准不明的缺点，兼顾处罚必要性的需求。

其四，在违法性阶段，采用判断标准单一的本权说或法律的财产说，有助于减少刑法教义学与整体法秩序的冲突。法教义学涉及的是法之发现，也就是应然命令的论证。在以立法者公布的法律作为基础的大陆法系，法之发现的运作方法是通过对立法者采用的语词（专业用语）予以定义和次定义来解释法律条文。换言之，通过不断渐进的法概念去规范化而实现具体化，反过来说就是用日常生活的语言概念来定义抽象化程度最高的纯粹技术法学概念。[1] 学者们通过使用刑法教义学对犯罪进行解释时，应当尽量避免法秩序中的冲突，亦不能人为地制造部门法之间的矛盾，使得一般公民在遵守法律时无所适从。虽然在刑法学界内部，刑法从属说、刑法独立说以及折中说依然存在较大的分歧，但是从法律史的发展历程来看，一国之法律在文明时代下，总是朝着精细、复杂以及日益完善的方向发展，避免民法与刑法等部门法之间的冲突，恐怕是持有刑法独立说的学者们也不得不面对的问题。众所周知，按照刑法理论，判断一个行为是否构成犯罪，需要该行为符合构成要件，并且不具有违法性阻却事由和责任阻却事由时，该行为才可以被刑罚归责。在该检验过程中，违法性与责任都是消极的成立要件。在违法性的概念里有形式违法性和实质违法性之分。形式违法性是指仅仅违反了命令规范或禁止规范的情形。对此，实质违法性（Materielle Rechtswidrigkeit）的概念则是根据不同的学者有不同的理解。例如，李斯特认为："是否背离了维持共同生活的法秩序的目的而侵害法益或使法益危殆化。"[2] E. M. 迈尔认为："是

---

〔1〕 参见［德］许迺曼：《不移不惑献身法与正义》（论文集），许玉秀、陈志辉合编，台北，新学林出版公司2006年版，第120、141页。

〔2〕 Fanz von Liszt, *Lehrbuch des deutschen Strafrechts*, 21./22. Aufl., 1919, S. 132f. 另外，李斯特被认为是实质的违法性概念的首倡者。Vgl. Roxin, *Strafrecht AT*, *Bd.* 1, 1992, S. 372f.

否违反了前法律的社会规范的文化规范(Kulturnorm)"[1]这种将实质的价值判断融入违法性的立场就是实质违法性,即在判断是否具有违法性时不单单判断是否违反了刑法法规,还要其具有法益侵害性来实现具体适用的妥当性。虽然我国刑法理论未区分实质违法性和形式违法性,但我国的刑事违法性与社会危害性法律概念对立并未超脱形式违法性与实质违法性概念之争的射程。因此,形式违法性与实质违法性的争论在我国仍具有现实意义。本书赞成实质违法性的立场。正如日本学者日高义博所指出的那样,如果认为违法判断只要判断形式的违法性就足够了,在违法性阻却事由上也只认可刑法法规上所明文规定的事由,那么从某种意义上讲违法论的构筑是明晰的。但是,这种见解,如果不以僵硬的法实证主义或法律万能主义为前提,是无法让人接受的。法被制定出后就被固定化。随着社会的变迁,被固化的法规出现僵化。法解释作为明确法规意思内容的实践工作,应当根据目的解释来恢复固化了的法规的活力,赋予其生命。然而,刑法毕竟与其他部门法不同,在罪刑法定主义的要求下,法律的解释仍不能超出构成要件应有的界限。关于这一点,实质违法性的判断是以犯罪构成要件该当行为作为对象的,并不会创设出新的处罚对象,但可以减少。另外,要使作为法解释的调整原理的超法规的违法阻却事由发挥作用,应该容许运用目的论对现实的法律予以充分解释。[2] 从肯定法秩序统一性的前提出发,无疑更能减少各部门法间的冲突。采取实质违法性论,将"民法不保护的利益,刑法也不应当进行保护"理解为超法规的阻却事由,有利于缓和法的实定性与正当性的紧张关系,有助于减少刑法教义学与整体法秩序的冲突。

---

〔1〕 M. E. Mayer, *Der Allgemeine Teil des deutschen Strafrechts*, 2. aufl., 1923, S. 173ff.

〔2〕 日高义博『違法性の基礎理論』(イウス出版社,2005年)7~8頁参照。

第四章　非法获取不法给付物与侵占罪

在解决涉及违反强制性法规或公序良俗而给付财物的财产犯罪问题之前，有必要对不法原因给付概念的定义和内涵再一次进行界定。笔者认为将不法原因给付的概念分成三大块的理解方式较为可取，即给付具有终局性、动机的原因不法以及给付人对不法原因有认识。一言以蔽之，给付人因不法的动机，在主观能动性的驱使下终局性地将财物给予受付人，并对不法原因具有认识的行为。[1] 本书将从一般预防与法秩序的统一性的角度出发，对不法原因给付与侵占罪展开分析。

第一节　侵占罪的构成

财产犯罪中的诸多罪名都与民事理论有着很深的渊源。其中，以侵占罪与民法之间的联系尤

〔1〕 参见江溯：《财产犯罪的保护法益：法律—经济财产说之提倡》，载《法学评论》2016 年第 6 期。

为密切。与此同时,侵占罪作为典型的亲告罪。在财产犯罪中承担着连接民事法律责任与刑事法律责任的重任。因此,侵占罪的犯罪构成各要件的明晰就显得尤为重要。

一、侵占罪保护的法益

(一)法益

在国外,虽然侵占罪滥觞于公元前1世纪的古罗马法,但直到19世纪前侵占仍作为盗窃行为的一种方式被认定为盗窃罪。在我国古代的法律制度中,相当长的一段时间也采取将侵占与盗窃不做区分的做法。战国时期的《法经·贼盗律》中规定了"拾遗",已将这种拾得遗失物据为己有的侵占行为进行类型化并处罚,直到《大清新刑律》侵占罪才作为与盗窃罪并列的独立罪出现在立法中。此后侵占罪的独立刑名作为惯例被我国刑事立法保留了下来。对于不法原因给付物能否成为侵占罪的客体,日本学者根据日本的实体法与判例展开了细致的讨论。学说上主要分为三种立场,即肯定说、否定说和折中说。[1]

在肯定说中有以下几种观点:

(1)通常认为不法原因给付人由于《日本民法典》第708条相关规定丧失返还请求权,然而请求权的消灭并不是所有权的消灭,受付人对于不属于自己的"他人"财物的侵占行为,仍构成犯罪。

(2)侵占罪的成立属于纯粹的刑法判断范畴,民法是否保护仅是量刑上的问题,因此民事合法委托关系的存在与否不会妨碍刑法侵占罪的构罪判断。

(3)也有立场认为需要对民法上不法原因给付的法律后果的范围进行限制,民法的法律效果不应外溢到刑法的评价中去。非法侵占不法原因给付财物的行为,应构成侵占罪。

---

〔1〕 参见[日]大塚仁:《刑法概说各论》(第3版),冯军译,中国人民大学出版社2009年版,第322~323页。

在否定说中有以下几种观点：

(1)一般认为,不法原因给付物的给付人不再拥有要求受付人返还给付物的权利。此时的所有权便陷入无法被法律保护的境地,在没有任何人的所有权受损的情况下,不具有侵占罪成立的前提条件。

(2)另有见解认为,侵占罪保护的是法律上的合法的委托关系,而不法原因给付所产生的委托关系明显不合法,因此对于该委托关系的侵害,无法伤及侵占罪所保护的法益。

(3)亦有观点认为,一个在民法上放弃保护的财物,刑法将其视为法益而用刑罚加以保护实在没有必要。这么做的结果只会破坏本来就脆弱的法秩序统一。所以,该行为不构成侵占罪。

在折中说中有以下几种观点：

(1)有观点认为,对给付的财物进行区分。给付人以把物的所有权给予接收人的意思而转移了占有时,给付人不具有返还请求权,因此,即使接受人不返还,也不成立侵占罪。但是,如果给付人为了赠贿而委托了财物或者为了收买选举权人而委托了金钱,便无法适用《日本民法典》第708条,虽然其是委托行为,但由于是不法原因的委托,很难认为侵害委托物的行为是对合法的信任关系的违背,不能成立委托物侵占罪,相应地,成立遗失物侵占罪。

(2)有观点认为,返还请求权的丧失并不代表着所有权也一并消灭。应当区分所有权是否有所残留的情况。给付具有终局性时,所有权伴随返还请求权一并消灭,不构成犯罪;给付不具有终局性时,所有权仍然停留在给付人手中,对其财物的侵占则构成犯罪。

(3)也有见解认为,要区别不法原因给付和不法原因委托,关于前者,因为所有权转移给接收人,所以不成立侵占罪。但是关于后者,因为没有转移所有权,所以成立侵占罪。

如今,日本最高裁判所对于侵占不法原因给付物的行为,判例已全面转向了肯定说,但是学理上对于判例的解释说明并不充分。对于折中说也有学者对此进行了否定。有学者指出:“像折中说这样的观点,明确区别所有权转移给接收人的情形和所有权残留于给付人的情形,事实上困难不少,而且能否说这样是符合《日本民法典》第 708 条旨意的解释,也值得怀疑。另外,认为成立遗失物侵占罪的见解,必须说误解了信任关系的意义。"[1]以上讨论皆是围绕日本的实体法与判例结果所展开的研究,对于我国有很强的借鉴意义,但是我国侵占罪与日本的侵占罪无论是立法模式,还是司法环境都有很大的不同。侵占罪的立法上,我国并没有像日本那样进行侵占委托物罪与侵占遗失物罪的划分,并且在法定刑上两者也等而视之不作区分。当然,我国也进行了指导判例的推广,但就法院的等级与说理程度,也不如日本那样的有力与完善。因此,如何在我国的法治环境话语下,进行不法原因给付财物与侵占罪构成问题的讨论仍然具有很大意义。

众所周知,在我国《刑法》分则第五章中,共规定了 13 个财产犯罪罪名,以行为的目的是否取得财产划分为取得型与毁弃型两种。前者典型的是盗窃罪,后者典型的是故意毁坏财物罪。其中取得型可再划分为转移型和非转移型,前者典型的是盗窃罪,后者典型的是侵占罪。[2] 侵占罪作为典型的财产犯罪。如何认定侵占罪所保护的法益,刑法理论上存在争议,且司法处理极其不统一。侵占罪保护的法益到底为何?不但关系到法益的违法性评价机能的实现,还承担着指导解释侵占罪构成要件概念的核心任务。换言之,法益的毁损则意味着犯罪目的的实现,刑法存在的意义则在于保证法益不受侵害。因此对法益产生威胁的行为,才能被认定为实质违法。法益承担着评价行为违法性的功能。[3] 同时,由于《刑法》分则所规定的各个刑名皆有其特定的保护法益。法益可谓所有客观之构成要件要素与主观之构成要件要素所描述之中心概念。因

[1] [日]大塚仁:《刑法概说各论》(第 3 版),冯军译,中国人民大学出版社 2009 年版,第 322 ~ 323 页。

[2] 参见[日]山口厚:《刑法各论》,王昭武译,中国人民大学出版社 2011 年版,第 197 ~ 198 页。

[3] 参见胡东飞:《财产犯罪的法益——以刑法与民法之关系为视角》,载赵秉志主编:《刑法论丛》(第 2 卷),法律出版社 2014 年版,第 287 页。

此,法益也就成为刑法解释之重要工具。[1]

在我国,侵占罪的构成要件各要素被规制在《刑法》第 270 条的条文中。[2] 理论上一般将侵占罪进一步区分,即普通侵占罪与侵占脱离物罪。关于侵占罪的法益或者客体究竟是什么?理论界并未达成共识。传统观点认为,侵占罪是侵犯所有权的犯罪,其法益或者客体应当是公私财产的所有权。[3] 还有观点认为:“侵占罪的法益和客体不仅仅是保护财产所有权,还应当包括内部的信赖关系。”[4]同样的观点还有:“在侵占罪的法益上,从刑法规定和其罪质上进行分析,一方面侵占是对他人财物的非法占为已有,因此侵害他人的财产权;另一方面侵占行为是把对他人代管财物的义务转化为自己所有的权利,从而侵害他人的信赖利益。如此看来,代为保管的表述比占有的表述更能明确反映侵占罪的本质和保护法益。”[5]也有一种观点认为,侵占罪的法益不仅是所有权,也包括债权这样的请求。[6] 还有一种观点认为:“侵占罪的法益就并不限于所有权,而是还包括其他物权和股权、债权等财产性权利。”[7]总之,关于侵占罪的保护法益观点种类繁多,不一而足。

理论界关于侵占罪保护法益的探讨既有共同点,又有差异点。共同点是几乎所有的学说都认可侵占罪对于财物所有权的保护。差异点则是除了传统说之外,学者们还根据自己的理解,对侵占罪的保护法益进行了扩张。例如,信赖关系、债权的请求权、财产性利益等。经分析不难看出,财物的所有权是侵占罪所保护的核心法益,理论界几乎没有争议,但仅保护财物的所有权已经无法满足司法实践对于侵占行为以犯罪处

---

〔1〕 参见林山田:《刑法特论》(上册),台北,三民书局 1978 年版,第 6 页。

〔2〕 《刑法》第 270 条规定了侵占罪,是指将代为保管的他人财物非法占为已有,数额较大,拒不退还的,或者将他人的遗忘物或者埋藏物非法占为已有,数额较大,拒不交出的行为。

〔3〕 参见高铭暄、马克昌主编:《刑法学》(第 7 版),北京大学出版社、高等教育出版社 2016 年版,第 509 页。

〔4〕 陈灿平:《谈侵占罪中刑民交错的两个疑难问题》,载《法学》2008 年第 4 期。

〔5〕 高国其:《论侵占罪中的占有与代为保管》,载《政治与法律》2014 年第 4 期。

〔6〕 参见王骏:《财产权区分制与财产罪法益观》,载《法学》2015 年第 11 期。

〔7〕 王钢:《不法原因给付与侵占罪》,载《中外法学》2016 年第 4 期。

罚的要求,因此将侵占罪保护的法益适当扩大已经成了学界的共识。这也是信赖关系、债权的请求权、财产性利益等观点被导入侵占罪法益的根本动力。前文已经探讨了我国财产犯罪的保护法益到底为何?我国《刑法》第91条与第92条确立了所有权说与法律的财产说对合法财产的保护,相关的司法解释则确立了占有说与经济财产说对占有状态的经济秩序保护。因此,侵占罪作为财产犯罪的一个独立刑名,其保护的法益也应当在合法财产和占有状态的经济秩序范围之内。当然侵占罪作为一个具体刑名,其特殊的罪状叙述也意味着法益更加具体。但信赖关系、债权的请求权、财产性利益等观点都是从一个侧面对侵占罪的保护法益进行了扩大,并没有抓住侵占罪的财产犯罪属性。侵占罪保护的具体法益应当包括公私财产的所有权以及具有经济价值的财产。这是因为,公私财产所有权与本权说以及法律财产说对法益的理解范围基本一致。对于侵占罪扩大的范围,也应当参考财产犯罪的法益保护范围,同时应注意侵占罪本身的特殊性。侵占罪是典型的不转移占有取得罪,不存在侵犯"占有"的问题,占有的状态应当被排除在侵占罪保护的法益之外。与此同时,经济的财产说所重视的财产的经济价值的保护仍具有重要的意义。信赖关系、债权的请求权、财产性利益等皆是财产经济价值的某个侧面的体现。例如,表面上因不法原因而给付的财物,由于其往往因为违反强制性法规与公序良俗而在法律效果上不具有合法性,而侵占罪又属于典型的非转移占有的犯罪,也不存在对占有秩序的破坏。因此很容易得出侵占罪保护的法益是合法财产的所有权,不法原因给付的财物并不属于侵占罪的保护法益的结论。但实际上,正如本书第三章所述的那样,我国财产犯罪法益保护既包括本权/法律,又包括占有/经济,是符合我国现行法律规定与基本国情的。侵占罪具体保护的法益应做适当的缩小理解。侵占罪保护的法益既包括合法财产的所有权,还应包括具有经济价值的财产(排除占有状态)。因此,不具有合法性的但却具有一定经济价值的不法原因给付物依然属于侵占罪的保护对象。

(二)财物与财产性利益

我国刑法传统观点认为侵占罪的客体(法益)是公私财产的所有权。

犯罪对象可以是动产和不动产，也可以是有体物，还可以是电力、煤气、天然气等无体物。[1] 其中便产生了两个问题：其一，侵占罪的客体（法益）和犯罪对象的映射范围是否需要一致；其二，犯罪对象除了财物（有体物）外，是否还包含财产性利益（无体物）？

首先，传统观点认为，侵占罪的客体（法益）是公私财产的所有权，而对象可以是动产和不动产，也可以是有体物和无体物。但是这种观点却存在矛盾之处。犯罪的对象与客体（法益）之间往往兼具关联性与差异性。两者的关联性在于，犯罪对象是物质化了的社会关系，犯罪行为则主要通过犯罪对象的侵害达到对法益造成危险的效果；而差异性则在于，犯罪是对客体（法益）的主要侵害，对象仅是客体（法益）的载体而已。犯罪的成立必然侵害了客体（法益），而对象却不一定受到损害。[2] 换言之，犯罪对象应然与客体（法益）的保护圈保持一致，不存在超出客体（法益）概念射程范围外的对象。传统观点认为侵占罪是侵犯所有权的犯罪，但"所有权在民法上属于物权，原则上只能针对有体物创设或取得"。[3] 这也意味着，传统观点认为侵占罪法益是所有权，但在逻辑上是不能得出侵占罪的犯罪对象是包括无体物概念的结论。这也恰恰印证了，学界对于侵占罪法益需要适度扩大的共识。本书认为，侵占罪保护的法益既包括合法财产的所有权，还应包括具有经济价值的财产（排除占有状态），无疑与现实中侵占罪的对象既包括有体物，还包括财产性利益相一致，具有妥当性。

其次，从比较法的视角来看，我国侵占罪的对象也应当涵盖财物和财产性利益。《德国刑法典》第 246 条明确将侵占罪的犯罪对象限定在他人"可移动的物"。如果因此也认为我国的侵占罪的犯罪对象将财产性利益也排除在外，则会人为地扩大我国罪名体系间的处罚漏洞。这是

---

〔1〕 参见高铭暄、马克昌主编：《刑法学》（第 7 版），北京大学出版社、高等教育出版社 2016 年版，第 509 页。

〔2〕 参见高铭暄、马克昌主编：《刑法学》（第 7 版），北京大学出版社、高等教育出版社 2016 年版，第 59～60 页。

〔3〕 王钢：《不法原因给付与侵占罪》，载《中外法学》2016 年第 4 期。

因为，两国的刑事立法具有显著的不同，在德国刑法中被侵占罪所忽视的财产性利益相关的处罚漏洞，将会在《德国刑法典》第 266 条背任罪中被堵截。因此，侵占罪构成要件中的"财物"也包括无体财产性利益。[1] 其实，我国的刑事司法中，盗窃、抢劫的对象早已突破了"物"的范畴，扩展到了财产性利益上。[2] 侵占罪没有必要忽视财产性利益在社会经济生活中的保护需求。

（三）"他人"的财物

"他人"财物，一般是指他人所有的财物或财产性利益。是否限于私人财物或财产性利益，理论上存在不同的观点。[3] 通说则认为，不将具有公共属性的财物认定为"他人"财物，无法有效地保护私人财物。财物的属性认定更多是一种法律认定，而财物在社会的流通则大多以外表是私人财物的形式展现在世人面前。公共财物由私人进行托管的情况也比比皆是。例如，某国有公司出纳员外出进行采购，为保财产安全将巨款存入下榻酒店的保险箱内，酒店老板借机侵占，拒不返还的应构成侵占罪。[4] 在不法原因给付的场合中，不法原因给付之物是否能成为"他人"的财物被认定？一般理论认为，财产所有权之归属的判断，应以民事

---

〔1〕 甲欲出资入股有限责任公司，但又不愿出面担任股东，于是与乙约定，由甲出资并享有投资收益，但以乙的名义持股。乙在持股一段时间之后，心起犯意，擅自与丙串通将股份低价出卖给丙。该案只涉及对股权的转让，并不关乎有体财物。如若依据德国法律，乙虽不能构成侵占罪，但却可以构成《德国刑法典》第 266 条背信罪。因为其违背对甲的财产照管义务造成了甲的财产损失。然而，我国《刑法》中却并不存在类似的构成要件。同时，乙作为显名股东，相应股份处于其实际支配与控制之下，其出卖股份的行为难以构成盗窃罪，又由于其在出卖股份时并未对甲或丙进行欺骗，也不可能成立诈骗罪。如若再认为乙不能构成侵占罪，恐怕就只能得出其无罪的结论。这显然难以接受。事实上，本案中甲作为实际出资的隐名股东才是真正的股份所有人，显名股东乙将自己支配下的股份出卖，正是将自己占有的他人股份据为己有（使第三人所有），从而符合侵占罪"将代为保管的他人财物非法占为己有"的基本结构。参见王钢：《不法原因给付与侵占罪》，载《中外法学》2016 年第 4 期。

〔2〕 参见蔡桂生：《刑法中侵犯财产罪保护客体的务实选择》，载《政治与法律》2016 年第 12 期。

〔3〕 参见高铭暄主编：《新编中国刑法学》（下册），中国人民大学出版社 1998 年版，第 789 页。

〔4〕 参见高铭暄、马克昌主编：《刑法学》（第 7 版），北京大学出版社、高等教育出版社 2016 年版，第 509 页。

法律为准。如此一来,在符合不法原因给付的情形下,给付人所给付的财物或财产性利益,因为其原因的不法,在民法的法律效果上直接导致给付人对于给付财物或财产性利益丧失请求返还权。此时,当受给付人非法侵占该给付的财物或财产性利益时,所要面临的问题是侵占的是谁的财物的问题。

关于上述问题,有学者认为,侵占罪的构成要件中仅规定了"代为保管的他人财物",合法与否在所不问。因此,侵占不法原因给付的财产,同样构成侵占罪。将侵占罪的占有财物限定为"合法持有"不具有妥当性,侵占罪的本质是一种变"持有"为"己有"的侵财型犯罪。[1] 当前大部分的文献仅从法益保护的宏观角度,对不法原因给付物可以作为侵占罪的对象作出肯定或否定的论证,但往往缺少在犯罪构成要件要素微观层面对该问题的探讨。其实法益虽然是构成要件要素评判的主要工具,但是却不能直接代替具体的构成要件要素进行犯罪成立与否的判断。换言之,我们不能以侵占罪的法益既包括合法财物还包括具有经济价值的财产(可能是非法的),而直接将不法原因给付的财物认定为"他人"的财产。这是因为,不法原因给付的受付人在侵占给付物时,该给付物的财产关系属性,已经因为不法原因给付的法律效果从原给付人身上被剥离掉了。法益的符合性,不能代替侵占罪中构成要件的具体判断。

那么不法原因给付物能否成为侵占罪构成要件中的"他人"财物呢?答案显然是肯定的。实际上,对于"他人"的财物这一构成要件要素应从两个层次进行理解。其一为他人所有的财物;其二为不是自己的财物。他人所有的财物属于"他人"的财物,不是自己的财物亦属于"他人"的财物。在法律解释中,这种抽象的否定标准并不少见。例如,《德国民法典》第 812 条和第 814 条所规定的不当得利制度,直到今天仍延续萨维尼的否定表述方式,将不当得利的经典表述固定成一方没有法律根据的

---

〔1〕 参见周光权:《侵占罪疑难问题研究》,载《法学研究》2002 年第 2 期。

获利,而另一方无故地财产贬损。这种否定的阐释方式不仅在于将“得利”这种积极法律行为消极化,而且还创设了“没有法律根据”的抽象概念,使得今后的法学家们不用再去绞尽脑汁地去无限列举行为人如何去“得利”。萨维尼开创性地重构不当得利的概念表述令人印象深刻。[1]将“他人”财物理解为不是自己的财物的否定式解释同样能达到以上效果。不法原因给付物不再是“他人之物”,很难将其解释为他人所有的财物。在我国民法学界也将不法原因给付的财物不再视为他人所有的财物。[2] 当我们把“他人”财物理解为不是自己的财物时,不法原因给付物成为侵占罪的对象在解释上将不存在任何问题。同时这种解释也与侵占罪保护的法益既应包括合法财产的所有权,还应包括具有经济价值的财产的认知相契合。不是自己财物的否定式表述,努力构建出一项尽可能抽象的规则体系,对所有可能的情形都事先完整地提供答案。

二、委托关系的认定

在逻辑上,委托关系的形成有赖于“给付”行为的实施,无“给付”则无委托关系。然而,在民法与刑法中,对于给付的行为认知并不尽一致。因此,以下将对给付与委托关系做进一步梳理。

(一)给付

1. 民法上的给付

在民法理论中,与给付相似的概念还有给予。德国法院习惯性地将“给付”认定为有意识地、有目的指向性(zweckgerichtet)地增加他人财产。在这一概念中,“给付”由有意识、给付目的、给予行为(zuwendung)三部分构成。在司法适用的初期,给付和给予往往混同使用不做区分。随着不当得利理论的崛起,给付被赋予了新的内涵,即目的。此时给予

〔1〕 Joachim Rückert, Savignys Einfluß auf die Jurisprudenz in Deutschland nach 1900, in: Jur. Schulung 1991, Heft 8, S. 624 – 629. [德]米夏埃尔·马丁内克:《德意志法学之光——巨匠与杰作》,田士永译,法律出版社 2016 年版,第 23 页。

〔2〕 参见王泽鉴:《不当得利》,北京大学出版社 2009 年版,第 272 ~ 280 页;刘言浩:《不当得利的形成与展开》,法律出版社 2013 年版,第 273 ~ 384 页。

则承担起纯粹的客观增加他人财产价值的作用。与具有主观意思的给付概念分道扬镳。[1] 纯粹客观属性的给予并未满足一个法律行为的基本条件,只有当主观目的与给予相结合时,给付因为有了法律上“人”要素的增加,一个法律行为的基本条件才算齐备。[2]

实际上国外民法典鲜有对给付进行明确定义。《德国民法典》主要在两种情况下对给付行为予以规定:一是在不当得利部分,如第 812 条、第 813 条、第 814 条、第 815 条和第 817 条;二是在债的履行和消灭部分,如第 262 条、第 267 条、第 362 条、第 363 条和第 366 条。[3] 碍于给付概念在立法上的缺失,学理上的定义就显得尤为重要了。民法上的通说认为,给付系指有意识地基于一定目的所为财产的给予,权利的转移、物的交付、土地的登记、劳务的从事等均属之。[4]

需要注意的是,为合理规范当事人的权益,所谓不法原因中的“给付”,应具有终局性(endgületigkeitskriteriem),如所有权的转移,不包括交付支票或债务约束等尚未终局完成的财货变动在内。[5] 换言之,债务约束、担保物权的设定、票据签发等仍需有后续法律行为才能完成的“给付”非不法原因给付中的终局性给付。至于终局性给付的标准到底是什么? 德国则是通过各种的民事判例对“终局性标准”进行了进一步的具体

〔1〕 Palandt Kommentar/Spau, § 812, Aufl. ,67, Rn. 41, S. 1168.

〔2〕 参见冯洁语:《论原因理论在给付关系中的功能》,载《华东政法大学学报》2014 年第 3 期。

〔3〕 参见肖宝:《不法原因给付在诈骗罪中的处理》,清华大学 2015 年硕士学位论文。

〔4〕 关于“给付”的含义,据史尚宽先生考察,有所谓基于给付人之意思所为之财产上之事实行为,有谓基于给付人之意思所为财产上之给付,其为事实行为或法律行为,在所不问。从而物权之设定、转移、债权之让与、债务之免除、票据之发行等法律行为,以及物之交付或依自己之财产或劳务增加相对人之财产之事实行为,均包含之。参见史尚宽:《债法总论》,中国政法大学出版社 1998 年版,第 87 页。

〔5〕 参见王泽鉴:《债法原理》(第 2 册),中国政法大学出版社 2002 年版,第 121 页。

化。例如,短暂的给付、有物权担保的给付、借贷款给付等。[1] 随着德国法对日本影响的扩大,日本民法理论对给付的认识也以终局性为准。所谓的"终局性",是指受付人对受付财产的控制形态,即不借助任何外力(审判、仲裁、他人许可等)即可处分财产的财产控制状态。

2. 刑法上的给付

在刑法上"给付"依然对侵占罪的成立具有决定性影响。在日本民法上的给付与刑法上的给付在概念上仍存在很大差异。日本民法中的给付受到最终受益理论的影响,很早就接受了给付必须具有终局性的观点。对于终局性的给付的理解,则是以我妻荣教授的独立行使说为通说,即当占有人受领的给付利益无须借助任何外力便可实现时则可认定为给付具有终局性。[2] 反观刑法视角下的给付终局性更多的是考虑刑事政策中的一般预防,进而将"给付"划分为具有终局性的不法原因给付与不具有终局性的不法委托。例如,行贿人直接向国家工作人员行贿的,给付的财物就是终局性给付;行贿人委托他人转交行贿款的,给付的财物在用于行贿之前就是不法委托。[3] 实际上在民法学者中亦有从一般预防来构建给付的终局性的观点。例如,对于不法原因给付的成立与否,应综合地进行各种价值判断,比如双方不法程度的强弱,丧失返还请求权后的实际效果以及信赖关系等。[4]

显然,日本民法和刑法对于"给付"的含义争议焦点在于"终局性"

---

〔1〕 如果给付者只是意图使受领人暂时性地获取财产利益或者使之在特定时间范围内支配或利用相应财物,则其并未将相应财产给予领受人,从而也并非民法意义上之"给付"。Vgl. Schulze, Handkommentar BGB, 8. Aufl. in:2014, §817, Rn. 7. 例如,将自己的财产用于提供担保的,并未将自己的财产给付担保权人。因为担保权人只享有一定的有限物权,其只能支配标的物的交换价值以及(在质押等场合)临时占有标的物。Vgl. BGH NJW 1956, 177. 在借贷关系中,出借人也只是将本金在一定时间范围内交由借款人使用,而非"给付"借款人。Vgl. BGH NJW 1995, 1152(1153).

〔2〕 参见[日]我妻荣:《我妻荣民法讲义 V4 债权各论》(下卷一),冷罗生等译,中国法制出版社2008年版,第221页。

〔3〕 林幹人『不法原因給付と横領罪・詐欺罪』「法学教室別冊　刑法の基本判例」(有斐閣,1988年)153頁参照。

〔4〕 谷口知平「不法原因給付の研究第3版」(有斐閣,1970年)213頁参照。

应当如何理解。有刑法学者认为,受付人擅自占用准备用于实施不法行为的财物时,此时应属于委托行为,根据信赖原则所有权并没有发生转移,委托人照样具有返还请求权,若受托人将其占为已有,应当构成委托物侵占罪。〔1〕 此种区分"委托"与"给付"的两分说,得到了大谷实、西田典之、伊东研祐、山中敬一、井田良、曽根威彦等知名日本学者的支持。〔2〕 我国也有部分学者持相同观点。〔3〕 然而此种观点却遭到了来自日本民法学者们的质疑:"所谓区分不法原因给付与不法原因委托(寄托),完全是刑法学者基于不法原因给付的误解而形成的观点;民法上也不存在所谓不法原因委托不属于不法原因给付的理论,也没有不法原因委托的术语,换言之,不法原因寄托在民法上就属于不法原因给付。"〔4〕

3. 本书的立场

目前我国民法学界对于给付概念的研究尚处于起步阶段,不法原因给付和给付终局性的讨论,也更多地体现在对国外学说观点上的复述。但就结论而言,我国民法学界同德国一样并未将给付和委托混为一谈。例如,我国《民法典》第890条规定,保管合同的成立,应当以保管物交付为时间节点,但当事人另有约定的除外。因此我国民法学界几乎没有争议地认为,甲委托乙将行贿款转交丙的场合,只有当乙将行贿款交付丙时,给付具有终局性。因此终局性的标准对给付行为的范围起到限制作用,在法律后果上"委托"与"给付"应有所差别。〔5〕

同时正如王钢教授所指出的那样:"即便日本民法学界不对不法原

---

〔1〕 例如,某人为贿赂公务员给付对方价值100万日元的汽车;某人为了向公务员行贿,委托第三者代为转交名画,第三者将名画卖掉后将所得挥霍,或者某人委托他人购买毒品,受托者却将购买的毒品自己挥霍。其中第1个例子属于给付终局性利益即不法原因给付,第2个例子和第3个例子中交付财物的一方没有完成受托者移转所有权的意思,单纯是占有的转移,是不法原因委托。林幹人「財産罪の保護法益」(東京大学出版会,1984年)157、170頁参照。

〔2〕 大塚裕史「刑法各論の思考方法」(早稲田経営出版,2010年)111頁以下参照。

〔3〕 参见童伟华:《日本刑法中"不法原因给付与侵占"述评》,载《环球法律评论》2009年第6期;李齐广、谢雨:《论刑法中的不法原因给付与侵占罪》,载《政治与法律》2010年第5期;王钢:《不法原因给付与侵占罪》,载《中外法学》2016年第4期。

〔4〕 佐伯仁志、道垣内弘人「刑法と民法の対話」(有斐閣,2001年)46頁以下参照。

〔5〕 参见王钢:《不法原因给付与侵占罪》,载《中外法学》2016年第4期。

因给付与不法原因委托加以区分,也并不意味着在我国亦必须如此。"[1]从一般预防的立场出发,不法原因委托与不法原因给付相比,不法状态并未彻底稳定,如若此时赋予委托人一定范围的返还请求权,则可以有效地预防更加严重的不法状态的现实化。例如,当甲委托乙将行贿款转交丙的场合,适当地承认委托人甲对乙的返还请求权,则事实上对甲陷入更重的行贿罪的刑事不法起到了一定的预防作用。

另外,我国《刑法》第270条对"将代为保管的他人财物非法占为己有"与"将他人的遗忘物或者埋藏物非法占为己有"两种情况皆附加了拒不交出的规定。与此相反,《日本刑法典》第252条、第254条侵占罪与遗失物侵占罪并未有此类规定,是否承认委托人返还请求权,与在日本刑法中是否构成侵占罪与遗失物侵占罪并无多大影响。换言之,抛开一般预防的效果不谈,仅从民法与刑法的现行法律规定来看,在我国刑法层面对不法原因给付与不法原因委托进行区分,适当赋予委托人以返还请求权,则与"拒不返还"的刑法规定有所契合,促进了民法与刑法在形式上的统一。

综上所述,我国应当明确"给付"的终局性标准,并对"给付"行为与"委托"行为进行区别对待,因"委托"不具有终局性,因而不构成不法原因给付,也不产生丧失返还请求权的法律后果,对于不法原因的"委托",其委托物可以成为侵占罪等财产犯罪的侵害对象。

(二)委托关系

刑法理论上将侵占罪分为普通侵占与脱离物侵占。前者侵占委托物侧重于对"委托关系"的保护。然而对于不法原因给付或者不法原因委托的财物,委托关系是否仅指合法的委托,则不无疑问。[2] 肯定说则认为,对于不法原因给付或委托财物的占有属于客观的占有。虽然其"委托关系"存在瑕疵,但侵占行为人因此而占有该财物的事实仍然存

[1] 参见王钢:《不法原因给付与侵占罪》,载《中外法学》2016年第4期。

[2] 参见刘明祥:《论侵吞不法原因给付物》,载《法商研究》2001年第2期。

在。民法“委托关系”是否合法与刑法上成立犯罪是两个层面的问题。在存在标的物或给付原因不法的场合中，委托关系是一种事实的信赖关系，至于合法与否在所不问。[1] 还有学者认为，从中、日两国侵占罪的立法规定来看，我国并不重视委托关系是否合法的问题。日本之所以重视委托关系，在于其侵占委托物与侵占脱离物的法定刑并不一致，前者的法定刑由于还侵犯了当事人之间的委托信赖关系而重于后者。在我国侵占罪中，两者的法定刑不存在差异，委托关系合法与非法并不重要，而且我国的侵占罪代为保管的他人财物并不以合法财物为前提。[2] 也就是说，按照委托关系必须具有合法性的观点来看，涉及不法原因给付的行为往往不具有合法性，委托关系也不存在，此时对该财物实施侵占不构成侵占罪；反之，按照委托关系是实施的信赖关系，合法与否在所不问，则不法原因给付的行为虽然不具有合法性，但委托关系却依然存在，此时对该财物侵占则构成侵占罪。

本书赞成肯定说的观点，即不法原因给付与不法原因委托的财物应当认可其具有“委托关系”，但对上述肯定说割裂民刑关系的观点持保留看法。首先，对于委托关系的认定，刑法理论与实务早已将非法的委托关系涵盖其中。“不管是事实上的支配还是法律上的支配，都应以财物的所有权人与行为人之间存在委托关系为前提，委托关系发生的原因多种多样，如租赁、担保、借用、委任、寄托等。委托关系不一定要有成文合同，根据日常生活规则，事实上的委托关系即可。至于基于什么原因保管他人财物，则没有限定。”[3] 例如，我国法院对于第三人侵占赃物或赃款的行为多以侵占罪论处。在盗窃行为人为了安全，将盗窃所得的赃款或赃物交给朋友保管的场合，友人明知是赃物依然将其进行侵占的场

---

[1] 参见周光权：《侵占罪疑难问题研究》，载《法学研究》2002 年第 3 期。

[2] 我国《刑法》分则中的侵占罪构成要件为“代为保管的他人财物”，其法条表述并非“代为保管的他人合法财物”。参见魏东、曾成峰：《侵占罪犯罪对象问题研究——以不法原因给付的财物能否成为侵占罪犯罪对象为视角》，载《西南石油大学学报（社会科学版）》2016 年第 2 期。

[3] 张明楷：《刑法学》（第 5 版），法律出版社 2016 年版，第 967 页。

合，虽然该委托关系属于无权限的非法委托，但是就盗窃犯有义务将盗窃来的财物返还受害人这一点而言，盗窃犯与侵占人之间的"委托关系"也应当被认可。即使认为委托关系应是合法的委托关系，但在上述的限度之内，盗窃所得之赃物的委托也值得保护，也能成立侵占罪。[1] 其次，结合我国社会转型的实际情况，"不法原因给付"的原因很大一部分是由于相关立法不够完善造成的，如果对侵占不法原因给付财物的行为听之任之，不将不法的委托关系纳入保护范围可能并不公平。例如，在我国公共交通仍有待改善，"大城市病"依然很常见，"有偿拼车"在城市公共交通的盲区地带，已经成为人们出行的常见方式。如果"非法营运人"将拼车费占为己有且不履行运送义务时，法律不将其纳入评价范围，恐怕难以被国民接受。最后，从民刑关系的立场出发，虽然不法原因给付的财物与不法原因委托的财物都可以成为侵占罪的对象，但最后能否成为侵占罪则大相径庭。侵占罪构成要件该当性判断阶段，不法原因委托的财物，因"委托"不具有终局性，因而不是不法原因给付，也不产生丧失返还请求权的法律后果，对于不法原因的"委托"，其委托物可以成为侵占罪等财产犯罪的侵害对象。与此同时，不法原因给付的财物，因"给付"具有终局性，法律效果上形成了民法上不予保护的效果，但由于侵占罪中"委托关系"主要是一种事实上的关系，与法律上的效果关联不大，因此，其给付的财物也可能成为侵占罪的侵害对象；违法性判断阶段，不法原因的"委托"由于并不存在终局性的"给付"行为，虽然所委托的财物具有瑕疵，但物权、债权关系并不产生任何民事上的变动，对于"委托"财物进行侵占的行为，理应评价为具有实质的刑事违法性。与此相对，不法原因的"给付"行为具有民法上给付行为的终局性，因此"给付"行为实际上在民事法律关系上已经改变了原先的物权、债权关系。对于"给付"财物进行侵占的行为，在实质刑事违法性判断时，该财物实际上已经

〔1〕 参见［日］山口厚：《刑法各论》，王昭武译，中国人民大学出版社 2011 年版，第 341 页。

在民法上失去了保护的必要。因此从民刑统一的立场出发,应认定其不具有实质的刑事违法性,阻却侵占罪的成立。

三、拒不归还的性质分析

传统认为拒不归还,即拒不退还或拒不交出,是指物主或者有关机关要求退还或交出财物,而拒不退还或交出。拒不归还,包括将保管物、遗忘物或埋藏物消费、出卖、毁灭、赠与他人等。如果行为人并不拒绝退还或者并不拒绝交出,只是要求延期退还或者交出,因而引起纠纷的,或者虽然口头表示拒不退还或者拒不交出,经过说服教育当即退还或者交出的,一般不应以侵占罪论处。〔1〕 换言之,通说认为"非法占为己有"与"拒不归还"是两个不同的构成要件要素,只有在"非法占为己有"之后,又经要求退还而拒不退还的才构成侵占罪(构成要件独立说)。然而有学者对此展开了批评,并认为"拒不归还"依然只是对"非法占为己有"的强调,而不是与"非法占为己有"相并列的独立要素。其理由为,如若认定为两个独立的构成要件要素,那么侵占罪的处罚将被架空,"大体只有想进监狱的人才可能构成本罪"(构成要件非独立说)。〔2〕 总而言之,在拒不归还性质的分析中,国内出现了独立性说与非独立性两种观点的对立。从域外相关学说来看,德日刑法理论皆以行为取得说为通说,即侵占罪的行为就是非法占为己有。行为取得说的特色便是将"拒不归还"直接溶解在"非法占为己有"的语义之中,使"拒不归还"丧失独立的意义。换言之,在德日刑法教义学中,侵占罪的成立只要有"非法占为己有"一个行为便足够了。

本书认为,"拒不归还"在侵占罪中属于何种性质的要件,需要结合我国侵占罪中"拒不归还"的特殊性进行考察,即展开教义学分析时,应

---

〔1〕 参见高铭暄、马克昌主编:《刑法学》(第7版),北京大学出版社、高等教育出版社2016年版,第510页;刘志伟:《侵占犯罪的理论与司法适用》,中国检察出版社2000年版,第79页。

〔2〕 参见张明楷:《刑法学》(第5版),法律出版社2016年版,第967页;周光权:《侵占罪疑难问题研究》,载《法学研究》2002年第3期。

重视中国的主体性。"拒不归还"并不是构成要件要素,而是客观的处罚条件。该观点既不同于传统观点认为的"拒不归还"与"非法占为己有"同属构成要件要素的观点,也不同于否定说认为的"拒不归还"仅是"非法占为己有"的强调与修饰,两者合二为一,同样也是侵占罪的构成要件要素的观点。理由如下:

首先,拒不退还并不属于侵占罪的构成要件要素。从表面上看"非法占为己有"的确属于主观的构成要件要素,而"拒不归还"则是客观的构成要件要素,两者同时作为侵占罪的构成要件要素并不冲突。然而,就法条"将代为保管的他人财物"的叙述而言,"非法占为己有"就已经可以涵盖侵占罪的主客观两个方面的构成要件了。换言之,很难想象将他人代为保管的财物,直接隐匿、消费、出卖、毁灭、赠与他人的无权处分行为,不是"非法占为己有",同时也很难想象无权处分行为人之所以这么做,就是为了将来事后"归还"。另外,如果将"拒不归还"认定为侵占罪的构成要件,则很有可能带来司法实践中侵占罪极少被适用的问题。当无权处分所涉及的财物数额较大时,司法机关为了弥补处罚漏洞,很有可能将原本属于侵占的行为,认定为盗窃或诈骗罪。也许有人会担心,将"拒不归还"这样消极的构成要件剔除,会过度扩大侵占罪的处罚范围。实际上,这种担心是多余的。《刑法》第 270 条所规定的侵占罪,一直以来就是我国典型的亲告罪。从实务来看,侵占行为多发生于亲属、熟人之间,被害人的主要诉求是挽回损失。侵占罪属于较为轻微的财产犯罪,立法者并未为其配备较重的法定刑。告诉才处理的堵截模式,足以抵消拒不退还不属于侵占罪的构成要件要素所带来的不利后果。

其次,"拒不归还"并不是"非法占为己有"修饰与强调词。根据立法习惯与立法简洁性的要求,刑法中的条文每个词都有其特殊的用意,即"法无赘言"。"拒不归还"也是如此。众所周知,《刑法》第 271 条第 1 款所规定的职务侵占罪不仅罪名相似,还在内容上存在竞合关系。其规定:"公司、企业或者其他单位的工作人员,利用职务上的便利,将本单位财物非法占为己有，数额较大的"，其罪状仅规定了"非法占为己有"并无"拒不归还"的规定。"这说明，'拒不归还'并非'非法占为己有'的附属，而是与之并列的独立要件，否则无法解释职务侵占罪中为什么没有'拒不退还'的规定，或者为什么侵占罪中要特地强调'拒不退还'。"[1]按照汉语的表达习惯，如果表示修饰或强调则往往放在修饰对象或强调对象的前面。例如，漂亮的汽车、有力地反击等。将"拒不归还"放在"非法占为己有"之后，用来强调"非法占为己有"并不符合汉语的表达习惯。而且，忽视"拒不归还"在侵占罪中的真实意义，将对侵占罪的司法实践造成极大的混乱。侵占罪作为典型的财产犯罪，其经济属性必然是其核心内涵。"拒不归还"亦应从经济的视角去考虑，从法条的结构安排上也证明了这一观点。"拒不归还"前面并非"非法占为己有"，而是"数额较大"。按照汉语的阅读习惯，强调与修饰的对象应在后面出现。有学者认为，侵占罪中的"拒不归还"应当不以返还原物为必要。若侵害人可以返还的是等额的金钱或等值的代替物，则往往不属于刑法上的侵占，而是民法上的债权关系，刑法不应过度介入民事领域。[2] 因此，此处的"拒不归还"应作为造成经济损失来理解。对这种经济损失应做区分理解：对于侵占对象为金钱的，应为数额上的理解，至于是否是封缄物在所不问。例如，行为人将好友存于自己家中将来准备买车的 3 万元（封缄物），进行了无权处分，事后经批评教育将 3 万元归还时，便已不符合"拒不归还"中所理解的财产损失。因为侵占本身就是对委托关系的严重破坏，所以封缄物所代表的专款专用的委托关系，不应在经济损失中进行考虑；对于非金钱的财物，"拒不归还"所代表的财产损失应做未返还原物造成经济损失来理解。对于持有人占有他人之物不交出，但愿意给予适当金钱予以赔偿的，也应认定为"拒不归还"。例如，侵占人将代为保管他人的手机，进行了变卖，所得价款 5000 元。事后愿意将 5000 元返还

---

[1] 丁胜明：《刑法教义学研究的中国主体性》，载《法学研究》2015 年第 2 期。

[2] 参见周光权：《侵占罪疑难问题研究》，载《法学研究》2002 年第 3 期。

的,仍应认定为“拒不归还”,具有经济损失。这是因为一般的财物并非像作为一般等价物的金钱那样具有纯正的经济价值属性,不经原委托人允许私自处分委托财物的行为同样是对财物经济价值的损坏。值得注意的是,愿意将财物进行等值补偿的,也不一定按侵占罪进行定罪处罚。这是因为,侵占罪属于亲告罪。对于该财产保护的必要性,没有比财产的所有人更有发言权了。

最后,“拒不归还”是侵占罪的客观处罚条件。所谓的客观处罚条件,就是对犯罪而言除了具备犯罪构成要件符合性、违法性、有责性之外,还需要具备其他事由才能处罚,而这种事由就是客观处罚条件。客观处罚条件在德日刑法中并不少见。例如,德国刑法中参与斗殴罪中的严重后果,日本刑法中事前受贿罪中的事后就任等。[1] 我国有学者认为,客观的处罚条件在我国刑法理论中实属多余。原本客观的处罚条件是为了解决纯客观要素对行为人刑事责任归责的问题。然而,在我国,通说始终认为刑事责任的归责应以犯罪构成要件齐备为前提条件。因此,在我国刑法理论中并没有客观处罚条件的存在余地。[2] 但是,否定客观处罚条件在我国刑法理论存在的观点有削足适履之嫌,将犯罪成立与接受刑事处罚进行了捆绑,不符合我国刑法理论、刑事立法的现状。刑法理论上,刑事责任阻却事由被广泛地认可,足以表明成立犯罪与追

---

〔1〕《日本刑法典》第197条第2款规定:“将要成为公务员的人,就其将要担任的职务,接受请托,收受、要求或者约定贿赂,事后成为公务员的处5年以下惩役。”《德国刑法典》第227条规定:“参与斗殴或者参与由多人实施的攻击行为,如果该斗殴或者攻击造成人的死亡或者重伤的,对参与行为者处3年以下自由刑或者罚金。”就我国而言,例如,我国《刑法》第129条规定的丢失枪支不报罪中的“严重后果”。

〔2〕国内的主流学者大部分对客观处罚条件进行了否定。例如张明楷:《刑法学》(第5版),法律出版社2016年版,第498页;陈兴良:《规范刑法学》,中国政法大学出版社2003年版,第96页;当然也有学者对客观的处罚条件进行了肯定。例如周光权:《论内在的客观处罚条件》,载《法学研究》2010年第6期;柏浪涛:《构成要件符合性与客观处罚条件的判断》,载《法学研究》2012年第6期。

究刑事责任之间存在罅隙。另外,从“积极的客观处罚条件”〔1〕来看并不一定造成犯罪成立与追究刑事责任的分离。〔2〕该积极的客观处罚条件的符合引起的是刑事责任的归责而不是阻却归责。刑事立法上,无论是积极的客观处罚条件,还是消极的客观处罚条件皆在我国刑法条文中大量出现。〔3〕在理论界已有不少学者将“拒不归还”认定为消极的客观处罚条件。有观点认为:“积极的客观处罚条件增加需罚性,消极的客观处罚条件减少需罚性,二者均具有限制处罚的机能,不会冲击责任主义。”〔4〕还有学者认为:“中国刑法和德日刑法对侵占罪规定的成立要件并不相同,拒不归还在中国的侵占罪中是一种客观处罚条件,是独立的行为要件,因而不能将其融入‘非法占为己有’的含义之中。”〔5〕本书对此表示赞同。

---

〔1〕 当立法者将客观处罚条件设置为积极地追究刑事责任的条件时,客观处罚条件就成为承担刑事责任意义上的犯罪的成立条件。这种客观处罚条件可谓是积极的客观处罚条件,例如后文即将论证的丢失枪支不报罪中的“严重后果”。当立法者将客观处罚条件设置为消极地阻却刑事责任的条件时,客观处罚条件就成为阻却刑事责任的事由。这种客观处罚条件可谓是消极的客观处罚条件,例如《刑法》第241条第6款的规定。阻却刑事责任的事由与消极的客观处罚条件的称谓只是表述角度不同,前者是从否定角度表述,后者是从肯定角度表述。柏浪涛:《构成要件符合性与客观处罚条件的判断》,载《法学研究》2012年第6期。

〔2〕 参见柏浪涛:《构成要件符合性与客观处罚条件的判断》,载《法学研究》2012年第6期。

〔3〕 例如,《刑法》第201条第4款规定:“有第一款行为,经税务机关依法下达追缴通知后,补缴应纳税款,缴纳滞纳金,已受行政处罚的,不予追究刑事责任;但是,五年内因逃避缴纳税款受过刑事处罚或者被税务机关给予二次以上行政处罚的除外。”2011年《刑法》第241条第6款规定:“收买被拐卖的妇女、儿童,按照被买妇女的意愿,不阻碍其返回原居住地的,对被买儿童没有虐待行为,不阻碍对其进行解救的,可以不追究刑事责任。”虽然该条第6款被2015年8月29日全国人大常委会《刑法修正案(九)》第15条修订,删除了原条文中“可以不追究刑事责任”的规定,相应提高了收买行为的刑事责任。但这种考量并非否定客观处罚条件的存在,而更多是刑事政策的考量。客观条件处罚的刑法条文,在我国刑法中一直都具有一席地位。另外还有,《刑法》第351条第3款规定:“非法种植罂粟或者其他毒品原植物,在收获前自动铲除的,可以免除处罚”等。

〔4〕 柏浪涛:《构成要件符合性与客观处罚条件的判断》,载《法学研究》2012年第6期。

〔5〕 丁胜明:《刑法教义学研究的中国主体性》,载《法学研究》2015年第2期。

第二节 不法原因给付物的处分与侵占罪

关于不法原因给付与侵占,在司法实践中主要涉及三种类型:(1)侵吞赃物型,即为犯罪人保管或销售赃物,而将赃物或销售款占为己有;(2)“截贿”型,即受委托转交行贿款却将其非法占为己有;(3)侵吞违禁品型,即受托购买毒品、枪支等违禁品却将其占为己有。[1]

一、赃物处分与侵占罪

(一)侵吞赃物

此处所指的侵吞赃物,一般认为是受委托窝藏或代为销售赃物的行为人将赃物占为己有的情形。在我国刑法理论界,对于因受委托窝藏或代为销售赃物的行为人侵吞该赃物的能否成立侵占罪一直存在争议。在我国司法实务界对于该问题的处理也一直处于杂乱无章的状态。因为侵吞赃物的行为,常与不法原因给付或不法原因委托相关,日本学者也经常将赃物处分的行为视为侵占罪特殊问题进行研讨。在日本的判例上一般存在三种观点,即肯定说、否定说以及它罪说。肯定的判例认为,侵占罪所保护的是他人财物,不法原因给付所形成的赃物虽然欠缺返还请求权,但并不能否认所占有财物的他人性。[2] 否定的判例认为,赃物的委托明显属于违背强制性法规与公序良俗的委托,因此该委托关系并不成立,同时由于委托者对于赃物并没有所有权,所以即使受托人侵吞赃物的话,也不能成立侵占罪。[3] 它罪的判例认为,侵吞赃物的行为并没有侵犯新的法益,属于不可罚的事后行为,该行为仅成立盗品等

---

〔1〕 关于违禁品的不法原因给付问题,本书将在以后的章节中进行单独讨论。

〔2〕 日本判例:最判昭和36·10·10刑集15卷9号1580页。

〔3〕 日本判例:大判大正8·11·19刑录25辑1133页。

保管罪即可。[1] 日本的学说基本上也是围绕判例的结论进行展开争论，并形成了肯定说与否定说两派。[2] 就我国刑法理论界而言，对赃物是否构成侵占罪主要有以下几种观点：

其一，将侵吞赃物的行为作为侵占罪处理。鉴于我国司法实践中对赃物的保管人侵吞赃物的案件，大多数以侵占罪论处。可以说这种司法认定结果与我国当前的实际情况不谋而合。经济高速转型期的我国，造成不法原因给付的原因有一定不可避免的社会因素。如果因此完全否认赃物给付人（委托人）在民法上的返还请求权，对赃物保管人（受托人）趁机侵占赃物的行为不管不问，可能并不公平。从目前我国罪名的法定刑轻重看，侵占罪与其他财产犯罪相比处罚较轻，并且作为自诉案件处理。从域外刑事立法的横向比较来看，侵占罪与其他财产犯罪、赃物犯罪法定刑基本相当的情况下，侵占罪仍获得大多数学者的支持。反观我国立法现状与社会现实，将侵吞赃物的行为作为侵占罪处理，较为

---

〔1〕 日本判例：大判大正11・7・12刑集1卷393页。

〔2〕 否定说认为：（1）从重视法秩序的全体的立场出发应否认侵占罪的成立，因为委托者不存在返还请求权，也不存在值得法律保护的委托信任关系。東京りーがルマインド編「刑法Ⅲ〈各论〉」（株式会社東京りーがルマインド，2006年）224頁参照。（2）虽然不成立委托物横领罪，但应肯定遗失物等横领罪的成立（日本刑法规定的遗失物等的横领罪不要求存在委托信任关系）。山口厚「刑法各論」（有斐閣，2005年）298頁参照。（3）不成立委托物横领罪，而成立占有脱离物横领罪，被盗品保管、盗品处分罪所吸收，理由是横领罪（我们所称的侵占罪）是对所有权的犯罪，委托者不具有基于本权者的所有权，因此不值得肯定横领罪的成立；横领罪是破坏财物的委托信任关系的犯罪，在盗品（相当于我们所称的赃物）委托的场合，由于并不存在本来的所有权者和受托者之间的委托信任关系，受托者的行为本身就是对所有权人的物的追求权的侵犯，其后的侵吞赃物的行为，能够被盗品相关的赃物犯罪所吸收，所以没有必要单独论以侵占罪。大塚仁「刑法概説各論」（有斐閣1996年）290頁参照；西田典之「刑法各論」（弘文堂，2005年）233頁参照。肯定说认为：（委托物横领罪）成立的理由是，尽管接受的是盗窃犯的委托，但从民法上讲，本犯的被害者（原所有权人）对该赃物还是存在所有权的，所以对于受托者来说，其所侵占的仍然属于他人的财物；盗窃犯的占有也是值得刑法保护的，受托者和委托者之间的委托信任关系也值得保护，受托者破坏这种委托信任关系，对于盗窃犯而言，受托者的行为就值得肯定侵占罪的成立；对于盗品罪（相当于我国的赃物罪），保管的行为是对所有权人对赃物的追求权的侵害，对于盗窃犯的平稳的占有，他人的侵吞行为，也应肯定侵占罪的成立。大谷實「刑法各論講義」（成文堂，2002年）306頁参照；前田雅英「刑法各論講義」（東京大学出版会，1999年）261頁参照。

妥当。[1]

其二,将侵吞赃物的行为作为赃物罪处理。例如,盗窃行为人,将盗窃来的赃物委托他人窝藏或者代为销赃,但受托人将赃物占为己有或者销售后所得现金据为己有。在该案例中,受托人与委托人的委托关系并不成立,故不能成立委托物侵占罪。但是对赃物的原合法所有人而言,该赃物属于脱离占有物,侵吞赃物或犯罪所得收益的行为,成立赃物罪,侵占脱离占有物的行为被吸收,仅以赃物犯罪论处。因此,"主张对侵占赃物的行为以赃物犯罪(《刑法》第312条)论处。如果受托人不知是赃物而据为己有,则仅成立侵占脱离占有物(原所有权人的遗忘物)的犯罪。"[2]

其三,将侵吞赃物的行为作为侵占罪与赃物罪的牵连犯,从重处罚。如何认定行为人侵吞赃物的行为性质,取决于如何认知不法原因给付原理以及刑法与民法功能差异。就结果而言无论最后是否作为犯罪处理,不法原因给付的赃物终归逃脱不了被没收的命运,给付行为人(委托人)亦无法行使返还请求权。不法原因给付的赃物是否按侵占罪处理时,考虑给付行为是否具有返还请求权不如重视该行为是否给对方造成经济财产的损害。在我国语境下行为人侵吞赃物的场合,赃物罪的法益并不能被侵占罪完全包含。因为前者属于侵害国家法益的犯罪,后者为侵害个人法益的犯罪。因此"仅认定为赃物罪,未能评价行为侵害财产权、危害社会财产秩序的一面,至少应认为,成立赃物犯罪与侵占罪的竞合,从一重处罚"[3]。

其四,认为侵吞赃物的行为同时构成侵占罪与赃物罪,数罪并罚。虽然赃物的委托人没有合法的财物所有权,其委托信赖关系并不存在,但根据我国《刑法》第270条侵占罪第2款的规定,遗忘物仍属于侵占罪

---

[1] 参见郭晓红、徐光华:《不法原因给付与侵占罪——基于实践中典型案件同案异判所引发的思考》,载《厦门大学法律评论》2013年第1期。

[2] 张明楷:《刑法学》(第5版),法律出版社2016年版,第968页;李齐广、谢雨:《论刑法中的不法原因给付与侵占罪》,载《政治与法律》2010年第5期。

[3] 杜文俊:《财产犯刑民交错问题探究》,载《政治与法律》2014年第6期。

的对象,且不以委托信赖关系的存在为前提。因此,侵吞赃物的行为成立侵占遗忘物从而构成侵占罪。同时《刑法》第 312 条的赃物犯罪属于妨害司法罪,“其保护之法益不局限于被害人的财产利益,而是也包括正常的司法活动在内。因此,若行为人在实施侵占行为之前就已经因窝藏赃物符合了该罪构成要件,而后又起意侵占赃物的,应对之以《刑法》第 312 条赃物犯罪与《刑法》第 270 条侵占罪数罪并罚。”[1]

与理论上学者对侵吞赃物行为认定方式多种多样不同。司法判例中,侵吞赃物行为往往被认定为侵占罪或掩饰、隐瞒犯罪所得罪。

案例 1:赵某某等合同诈骗、窝藏、销售赃物案。[2] 1998 年 7 月 19 日,被告人赵某某、孟某某驾驶云 C－00780 号“尼桑”牌货车,在昆明市福海商场经贺某某、肖某某介绍,与水富县个体工商户陈某某、唐某等人达成运输“红塔山”牌、“画苑”牌、“红梅”牌等卷烟共 576 箱(价值人民币 1421420 元)到水富的协议。同时,肖某某将价值 33344 元的装有各式手表 355 只,计算器 136 只,剃须刀 80 只的 3 箱物品交给赵某某带到水富。车行至昆明市羊街时,赵某某提出将所运卷烟卖掉,孟某某表示同意。同月 21 日,赵某某、孟某某在盐津县卖给张某某 4 箱“红塔山”牌卷烟,经谭某某介绍,卖给郑某某 24 箱“红塔山”牌卷烟和 64 箱“画苑”牌卷烟,得款 8 万余元。后二人又将部分卷烟运到四川省筠连县卖得烟款 2 万余元。同月 22 日,经罗某某联系,赵某某、孟某某将剩余卷烟等物藏于徐某 1 家。尔后,由徐某 1 之子徐某 2 用其川 Q02832 号“东风”牌货车运输,罗某某买来谷糠、烂纸板对卷烟进行伪装,赵某某、孟某某分别于同年 8 月、9 月分两次将卷烟运至四川省成都市,经米某 1、米某 2 介绍进行销售,共获赃款 96 万余元,徐某 2 从中得到 19300 元。卷烟藏于徐某 1 家期间,徐某 1、徐某 2 共谋后,以向公安机关报告相威胁,向赵某某索要了 5 万元,徐某 1 得 4 万元,徐某 2 得 1 万元。徐某 1 还将赵某

〔1〕 王钢:《不法原因给付与侵占罪》,载《中外法学》2016 年第 4 期;陈洪兵:《经济的财产说之主张》,载《华东政法大学学报》2008 年第 1 期。

〔2〕 云南省高级人民法院刑事判决书,(2000)云高刑终字第 1167 号。

某所放物品中价值1万余元的165只手表占为己有。徐某1、罗某某、杨某某（在逃）还共谋将赵某某所放卷烟中的30余箱“红梅”牌卷烟运到四川省高县出售，罗某某分得赃款16000元，徐某1分得赃款3000元和2箱“红梅”牌卷烟。案发后共追回赃款人民币51万余元及手表、金戒指等物。

一审法院认为，徐某1将他人存放在自己家的财物进行了非法占为己有，拒不退还，数额较大的行为构成侵占，判处有期徒刑1年。二审法院认为，原判定性准确，量刑适当，审判程序合法。驳回上诉，维持原判。（替犯罪分子保管赃物时，将赃物变卖据为己有的，成立侵占罪）。

案例2：保安侵吞赃物案。〔1〕 被告人侯某某和张某某在某大学校区巡逻时，将实施盗窃的刘某抓获。在将刘某带往保卫处的途中，两人将其盗窃的一部价值人民币3006.67元的手机据为己有。次日，侯某某主动向公安机关投案，并如实供述了上述犯罪事实，并赔偿被害人人民币7000元。

一审法院认定，被告人的行为构成掩饰、隐瞒犯罪所得罪，应承担刑事责任。鉴于侯某某犯罪后自动投案，到案后如实供述犯罪事实，系自首；且已赔偿失主的相关经济损失，对其依法从轻处罚并适用缓刑。依据《刑法》第53条，第67条第1款，第72条第1款，第73条第2款、第3款，第312条第1款之规定，以掩饰、隐瞒犯罪所得罪，判处被告人有期徒刑6个月，缓刑1年，并处罚金人民币2000元。一审宣判后，被告人侯某某未提出上诉，检察机关亦未抗诉，判决已发生法律效力。

案例3：诈骗罪赃款侵吞案。〔2〕 2009年11月，被告人李某、徐某某以购买东风煤矿生产经营权为名，骗取王某1、段某某、呼某、高某、杨某某、杨某等人民币7610.2万元。被告人王某2在明知是犯罪所得的情况下，仍向李某提供银行卡，使被害人向该卡转款人民币6033万元。款到

---

〔1〕 最高人民法院刑事审判第一、二、三、四、五庭主编：《刑事审判参考》（总第104集），法律出版社2016年版，第121页。

〔2〕 陕西省高级人民法院刑事判决书，（2015）陕刑二终字第00009号。

账后，王某某在其多个账户和他人账户之间频繁转移，并将部分款项用于购房、买车、投资酒店和期货生意。

一审法院认为，被告人李某、徐某某以非法占有为目的，以给他人办理承包国有煤矿为由，采取隐瞒真相的手段，骗取他人钱财，数额特别巨大，其行为均已构成诈骗罪，依法应予惩处。被告人王某某明知是赃款而协助他人将巨额现金散存于多个银行账户或者在不同银行账户之间频繁转划，其行为已构成掩饰、隐瞒犯罪所得罪，亦应依法惩处。

一审法院判决：(1)被告人李某犯诈骗罪，判处无期徒刑，剥夺政治权利终身，并处没收个人全部财产；(2)被告人徐某某犯诈骗罪，判处有期徒刑12年，并处罚金人民币10万元；(3)被告人王某2犯掩饰、隐瞒犯罪所得罪，判处有期徒刑5年，并处罚金人民币2万元；(4)公安机关查封、冻结在案的赃款、赃物依法没收，按比例返还被害人王某1、高某、段某某、呼某、杨某、杨某某；(5)继续追缴各被告人非法所得，依法返还被害人王某1、高某、段某某、呼某、杨某、杨某某。二审法院基本维持了一审法院的判决，仅对上诉人李某亲属在二审期间主动代为退赔赃款，取得被害人谅解，对李某可从轻处罚。将一审判决第(1)项改判为上诉人(原审被告人)李某犯诈骗罪，判处有期徒刑15年(刑期从判决执行之日起计算。判决执行前先行羁押的，羁押一日折抵刑期一日，即自2012年11月10日起至2027年11月9日止)，并处罚金人民币20万元。

（二）侵吞销赃款物

销赃款其实是赃物的货币表现形式，在赃物转化成货币后，又将销赃所得的赃款全部或部分地据为己有。在理论上，对于是否区分侵吞赃物与侵吞销赃款有否定与肯定两种观点。否定说中又可分为两种不同的观点，一种观点以赃物、销赃款不能成为财产犯罪的对象为前提，否定赃物、销赃款物区分的必要性，直接以《刑法》第312条掩饰、隐瞒犯罪所得、犯罪所得收益罪论处；[1]另一种观点则以赃物、销赃款能够成为财产

---

〔1〕 参见张明楷：《刑法学》(第5版)，法律出版社2016年版，第967~968页。

犯罪的对象为前提,否定赃物、销赃款物区分的必要性。对于侵吞赃物或销赃款的行为,以侵占罪和赃物罪数罪并罚处理。[1] 肯定说认为,赃物与销赃款在民法上的性质完全不同,因而有区分的必要。销赃所得的赃款,在转化成货币形态后已将原物的合法所有人的原生物权予以阻断,鉴于善意第三人制度的存在,原所有人仅能请求返还销赃所得利益。委托他人销售赃物的犯罪人亦不能根据所有权也不能根据委托关系,请求销赃行为人对销赃所得款物进行给付。同时,委托他人销售赃物的犯罪人也不能根据不当得利请求行为人赔偿损失或返还销赃所获利益。因为不当得利成立,需要有合法损失为前提。简言之,销赃所得款物,原所有权人和犯罪者都不拥有所有权,犯罪者对销赃款物也没有其他民事法律上的请求权。因此,行为人将销赃款物据为已有,并不构成对原所有权人或犯罪者的侵占罪。然而对于侵占销赃款的行为如何进行刑法评价,肯定说为了对该处罚漏洞进行堵截,进行了一系列的变通行为。首先原则上排除侵占罪的成立可能性,在特殊条件下存在例外。例如,作为善意第三人的买家直接委托销赃人将钱款转交犯罪人,销赃人却据为己有的。此种情况应构成侵占罪。同时,若销赃人对第三人构成诈骗的,也应承当相应的刑事责任。[2]

本书认为,区分赃物与销赃款具有一定的意义,毕竟在我国大部分财产犯罪都有一定的数额要求,因此判断财产损失的多少与犯罪成立与否有重大关系。赃物经过销售、买卖等手段转化为现金时,被侵害的原物所有人与原物的关系,已经由所有权为中心的物权模式转换为以不当得利返还请求权为中心的债权模式。同时,就委托他人销售赃物的犯罪人而言,原本由于赃物本身所具有的经济属性,随着销售、买卖等交易手段转化为赃款时,所体现出的更多是赃物本身的交换价值,而非无权占有的对价利益,因此侵吞赃款的行为人获利(赃款)与委托他人销售赃物

---

〔1〕 参见陈洪兵:《经济的财产说之主张》,载《华东政法大学学报》2008 年第 1 期。
〔2〕 参见王钢:《不法原因给付与侵占罪》,载《中外法学》2016 年第 4 期。

的犯罪人的经济损失(无权占有)之间没有因果关联。因此,本书赞同肯定说的观点。侵吞销赃款与侵吞赃物不同,该行为原则上应排除侵占罪的成立,特殊情况的除外。侵吞赃款的行为人如果符合犯罪要件的依《刑法》第312条定罪处罚。

二、"截贿"行为的认定

"截贿"虽然不是正式的法律规范用语,但常见于贿赂犯罪发生的过程中,是中间人行贿人的一种"吃黑"现象,即在介绍贿赂中,中间人出于非法占有的目的,截取贿赂的全部或一部分的行为。

司法实践中,对于"截贿"行为的认定并不统一。可见以下判例:

案例4:被告人孙某向司某提议,其可以帮助司某找房地产管理局局长王某帮忙运作某经济适用房项目,司某先后拿30万元让孙某转交给王某,而孙某将其中的12万元据为己有。法院经审理认为,孙某将据为己有行贿款物属于非法所得,应根据《刑法》第64条予以没收。[1]

案例5:李某侵吞不法原因委托财物案。蔡某(女)之弟弟犯强奸罪被起诉。听人说将会判处重刑。蔡某娘家就这么一个男孩,而蔡某的母亲因年老无力为此事奔走,即要蔡某多方求人以救一救蔡家这棵独苗。蔡某经多方了解,打听到婆家的一个远房亲戚李某在县城工作,蔡某筹了1万元现金交给李某用于送礼。因刑庭法官张某出差,事情未能办成。蔡某向李某索回1万元现金,但李某谎称送礼已经用掉了。随后,蔡某向法院提起诉讼,一审法院认为,蔡某的行为属于违法行为,对于其欲用于行贿的1万元应予没收,同时判决李某负有返还蔡某1万元现金的义务。[2]

案例6:袁某让刘某帮忙打理关系,为其父母办理假退休手续。为此,袁某交给刘某155000元,刘某用其中29000元向张某行贿。因事情

---

〔1〕 贵州省雷山县人民法院刑事判决书,(2014)雷刑初字第82号。

〔2〕 参见赵秉志主编:《中国刑法案例与学理研究》(第4卷),法律出版社2004年版,第540页。

未能办成,袁某向检察机关举报。张某虽被认定为受贿罪,然而,刘某未被起诉。袁某又向法院起诉,要求刘某返还款项。刘某辩称,诉争的款项属于应予没收的行贿款。法院经审理认为,根据原《民法通则》第 58 条,袁某和刘某的委托协议无效;根据原《民法通则》第 61 条的规定,判决刘某用于行贿的余款 126000 元应当返还给袁某。[1]

案例 7:汪某因聚众斗殴被拘留。其妻给姜某 20 万元请姜某帮忙打理关系。姜某未履行约定。案发后,姜某被以诈骗罪起诉。其辩护律师认为应构成介绍贿赂罪。法院认为,姜某收款之后并没有为汪某之事行贿,不构成介绍贿赂罪,其侵吞他人用于行贿的款物的行为,构成诈骗罪。[2]

通过以上判例不难看出,司法实务界对"截贿"行为的司法认定极不统一。通常的做法为直接没收(案例 4),也有认定为没收后无罪的(案例 5),还有认定为不当得利返还的(案例 6),更有将该行为直接认定为诈骗罪的。理论界对"截贿"行为处理的观点亦同样不一而足。有学者认为,我国《刑法》总则中对犯罪的预备、中止等行为皆规定了刑事归责的条文,中间人与行贿人可能构成共同犯罪。行贿人与中间人密谋对第三人进行行贿犯罪,该行为属于行贿犯罪的预备行为,情节严重的,即使最后未着手,也应当追究行贿罪的刑事责任。[3] 有学者认为,"截贿"行为属于典型的不法原因委托,行贿款并未产生终局性的转移,行贿人依然具有其所有权,中间人予以侵吞的,构成侵占罪。[4] 有学者认为,截留的财物原则上不做侵占罪处理,截留款的数额与截留行为应分别作为介绍贿赂罪犯罪数额和犯罪情节一起予以评价。[5] 有学者认为,行贿人欲

---

[1] 河南省驻马店市中级人民法院刑事判决书,(2014)驻民四终字第 485 号。

[2] 浙江省衢州市中级人民法院刑事判决书,(2013)浙衢刑终字第 204 号。

[3] 参见刘明祥:《财产罪比较研究》,中国政法大学出版社 2001 年版,第 280 页。

[4] 参见李齐广、谢雨:《论刑法中的不法原因给付与侵占罪》,载《政治与法律》2010 年第 5 期。

[5] 参见林亚刚主编:《贪污贿赂罪疑难问题研究》,中国人民公安大学出版社 2005 年版,第 229 页。

向第三人行贿，而将财物委托给中间人转交，中间人见利忘义据为己有的行为，不构成犯罪。这是因为，行贿人已经丧失了行贿财物的返还请求权，不能认定为中间人“截贿”的行为是侵占行为。另外行贿款由中间人进行占有，并未进行没收程序该财产也不属于国家财产。[1] 总之，对于“截贿”行为，在理论界既有主张行贿罪共犯的，也有主张侵占罪的；既有主张介绍贿赂罪的，也有主张无罪的。

对于司法实践与理论上就“截贿”行为认识的纷繁不一，有学者指出主要是以下四点问题的认知出现了问题：(1)受托人(“截贿”者)收到委托人用于行贿的财物后，该财物的性质是否为贿赂款(犯罪工具性财物)？(2)委托人将财物给予受托人是不法给付还是不法委托？(3)在介绍贿赂案件中，仅将“截贿”所得作为非法所得予以没收是否存在评价不足？(4)“截贿”如果构成犯罪，是构成诈骗罪还是侵占罪？[2]本书对此深以为然。现在将对以上问题逐步讨论。

问题1：受托人(“截贿”者)收到委托人用于行贿的财物后，该财物的性质是否为贿赂款(犯罪工具性财物)。有学者认为，将用于行贿的财产一律视为犯罪工具并不合理。财物本身仅具有经济属性，而不具有法律属性，合法与否在所不问。当人类行为与作为客体的物充分结合时才能给出合法与否的评价。因此，中间人收到行贿人委托用于行贿的财物后未进行行贿的则该财物不属于犯罪工具，仍可成为诈骗罪或者侵占罪的对象。本书认为，将通过行贿行为来判定财物的法律属性，具有一定的现实意义。但本书并不赞成该观点的解释方式。提出该观点的学者认为：“行为人诱使委托人作出行贿委托之后，直接将贿赂钱款占为己有的。在整个过程中，行贿行为始终未有实施的可能性。此时，虽然委托人主观上具有行贿的故意，但委托的钱款也并未与行为充分发生化学反

---

〔1〕 参见张明楷：《刑法学》(第5版)，法律出版社2016年版，第967页。
〔2〕 参见孙国祥：《“截贿”行为的刑法性质辨析》，载《法治研究》2016年第1期。

应,进化成一个法律行为,进而也就不能认定该委托的财物已经成为贿赂。"[1]换言之,将行贿财物一律评价为赃物并不妥当,有行贿的实行行为介入,则行贿款便属于赃款,应当予以没收;当没有行贿的实行行为介入时,则根据有无行贿能力以及非法占有主观故意产生于委托的时间前后判断是否构成诈骗罪或侵占罪。例如,没有介绍贿赂的能力,非法占有的故意产生于委托之前,则构成诈骗罪;有真实的介绍贿赂的能力,非法占有的故意产生于委托之后,拒不返还的则成立侵占罪。本书对于以上观点有以下几种不同看法:其一,从立法和司法解释的角度来看,财产犯罪的保护法益,应当既包括合法财产,又包括"非法财产",如此一来,通过行贿的实行行为划定行贿财物是否为贿赂款,并以此区分罪与非罪,此罪与彼罪的效果将被大大削减。其二,众所周知,我国刑法与国外刑法的显著区别之一,便是以处罚预备为原则,不处罚为例外。虽然在实践中的确存在大量预备行为不予追究的情况,但在实体法评价层面,仍不能忽视预备行为的违法性。当行贿人委托中间人行贿时,只要行贿人将用于行贿的财产交给中间人,就已经构成了行贿罪的预备行为。此时用于行贿的财物的性质已经发生了变化,忽略行贿人将用于行贿的财物委托或给付的行为实属不妥。其三,成为赃款被没收,并不是不构成侵占罪或诈骗罪的理由。按照我国《刑法》第 64 条的规定,没收处罚的前提为该行为构成犯罪。没收属于刑罚,而一个行为符合犯罪构成要件则是可以处以没收刑罚的前提条件。因此,对于问题 1 的回答为,鉴于预备行为的影响,受托人("截贿"者)收到委托人用于行贿的财物后,该财物便已属于贿赂。

问题 2:委托人将财物给予受托人是不法给付还是不法委托?回答该问题之前,有必要解决不法原因给付与不法原因委托是否有必要进行区分。该问题的讨论发轫于日本刑法学界,原本对于不法原因交付的财

---

[1] 参见孙国祥:《"截贿"行为的刑法性质辨析》,载《法治研究》2016 年第 1 期;熊明明:《侵占型"截贿"行为的刑法规制》,载《人民检察》2016 年第 11 期。

物能否成为侵占罪的对象，日本刑法学界出现了肯定与否定说的对峙。早期的日本判例碍于《日本民法典》第708条的规定，多以不法原因给付的财物不具有返还请求权而否定其作为侵占罪的犯罪对象，此时也以否定说为通说。然而随着社会的发展，产权结构的复杂化，社会对于财产保护力度的需求进一步提高，所以日本的判例在"二战"之后也发生了根本性的反转，出现了一批肯定侵吞"不法原因给付"的财物构成侵占罪的典型案例。作为对判例合理性进行背书的日本刑法理论界，急需对肯定说进行完善。由于肯定说有违反"民法不保护，刑法也不应当保护"的法秩序统一性的嫌疑，日本林幹人教授由此提出二分说的观点，即主张区分不法原因给付与"不法原因委托"，前者财物不构成侵占罪的对象，后者所有权并未转移仍可以构成侵占罪。[1] 至此不法给付与不法委托的问题才进入日本刑法理论界的视野，随着讨论的深入以及我国刑法理论的发展转而被引入我国。在中日两国理论界存在是否区分不法给付与不法委托的必要说与不要说的对立。

不要说对于必要说的攻击主要集中在两处：其一，既然区分的必要说是以法秩序统一为基础，那么这种区分不法给付与不法委托的观点一定在民法中能找到支持，但是令人遗憾的是，民法学者对此并不感冒，他们认为将不法原因给付的形态再次划分为不法原因给付与不法委托实属多此一举。之所以存在理论上的误区，显然是一部分刑法学者对民法基本理论的片面理解与误读，人为曲解了不法原因给付概念的本质内涵。[2] 其二，即使退一步暂且承认该区分有意义，也由于委托和给付的主观真实性很难把握而难以被区分。在我国刑法理论界，也不乏不要说

---

〔1〕 林幹人「财产犯の保护法益」(東京大学出版会，1984年)169頁参照。

〔2〕 诸多日本民法学者认为，只要给付者的行为使得受领人无须再借助他人或法院的协助即可确定地获取利益，便应当肯定给付者事实上已经将财产终局性地给予受领人，此时就已经存在给付行为。据此，在委托或寄托财物的场合，由于委托人使得受托人事实上享有了支配委托物的可能性，同样应该认为委托人已经将委托物给予了受托人。因此，委托与给付并无差别，不法原因委托与不法原因给付的区分也就没有存在的余地。佐伯仁志、道垣内弘人「刑法と民法の対话」(有斐閣，2001年)46頁以下参照。

与必要说的支持者。[1]

本书支持区分说,故针对以上两点作出回应。首先,针对是否有必要区分的问题。日本民法之所以对委托行为与给付行为不加以区分,原因在于日本学者对于不法原因给付中“给付”终局性的理解较为宽泛,认为只要受领人无须借助第三方力量介入便可支配财物时,便应当肯定给付者已经赋予受领人的财物具有终局性的意义,该行为便应然被认定为具有终局性。现实中,受托人对于委托物具有的支配力往往不需要借助其他人的力量便可轻易实现。所以委托实际上就是具有终局性的给付。那么由此看来,将不法原因给付区分为不法给付与不法委托实无必要。[2] 对此,我国王钢教授认为:日本民法学界通说为不要说,但并非我国就必须与之保持一致。不法给付与不法委托在民事法律效果上具有显著的不同,但在预防犯罪的效果上具有一致性。前者通过给付人丧失返还请求权来预防犯罪的发生,后者通过肯定返还请求权来预防犯罪的发生,两者并不矛盾。同时,对不法给付与不法委托加以区分乃是坚持法秩序统一性的必然结果。[3] 其实中日两国学界中,对日本学者林幹人教授的区分说多有误解。学界中的普遍看法认为,不法原因委托概念的最先提出者就是林幹人教授,但是林幹人教授在《不法原因給付における給付の意義一批判に答えて》一文中,对批判展开了回应。事实上,林幹人教授并未使用过不法原因委托的概念,所谓的不法原因给付与不法原因委托皆是误传,即“就自身而言我从未使用过不法原因委托的词语,在论述相关问题时往往使用的是委托”(私自身は“不法原因寄託”という言葉を使ったことはない。私はこの問題を論じるときには、常に

〔1〕 支持必要说的观点认为:即便民法上不区分不法原因给付与不法原因委托,刑法上依然可以作此区分,以便充分保护委托者的所有权。参见童伟华:《日本刑法中“不法原因给付与侵占”述评》,载《环球法律评论》2009 年第 6 期。支持不要说的观点认为:不应区分不法原因给付与不法原因委托。因为在两种场合中都存在着不法原因,法秩序不应再对所给付或委托的财产加以保护。参见付立庆:《论刑法介入财产权保护时的考量要点》,载《中国法学》2011 年第 6 期。

〔2〕 佐伯仁志、道垣内弘人「刑法と民法の对话」(有斐閣,2001 年)46 頁以下参照。

〔3〕 参见王钢:《不法原因给付与侵占罪》,载《中外法学》2016 年第 4 期。

“委託”という言葉を使ってきた)。按照林幹人教授的主张,在民法不法原因给付制度已经存在的基础上,如何调和民法与刑法在法秩序统一性上的紧张关系,必须从限制“给付”入手。而如何限制“给付”,理解终局性要件的意义则成为关键。将一部分委托行为从不法原因给付中剥离出来,使其绕过《日本民法典》第708条的规制,不但为委托的财物成为侵占罪的对象扫清了障碍,还限制了“给付”的范围进而保全了法秩序的统一性。[1] 其次,针对不法委托与不法给付能否被区分的问题,本书的回答依然是肯定的。如何区分两者,关键在于应准确理解不法原因给付制度中的给付终局性。不法原因给付制度中主观原因理论对动机的细致考察,加强了合同行为的可责难性,符合现代民法对公共利益周全保护的指导思想,兼顾了意思自治与社会秩序。因此不法原因给付的终局性也与主观原因理论息息相关。虽然就不法而言,不法委托与不法给付皆有不法的因素,但委托往往具有对象的明确性,而给付则不一定具有对象的明确性。比如行贿人将贿赂款项交给中间人让其转交给国家工作人员,中间人对贿赂款进行侵吞的,该财物往往是不法委托,中间人侵吞贿赂款的行为符合侵占罪的构成要件,具有刑事违法性。反之,行贿人将贿赂款交给中间人,让其物色合适的、不明确的国家工作人进行行贿的,该交付的贿赂款往往是不法给付,具有终局性。虽然财产犯罪对于财物的合法与否在所不问,中间人侵吞该贿赂款的行为依然符合侵占罪的构成要件,但因为该“非法”财物因丧失返还请求权而不被民法所保护,因而阻却刑事违法性,该行为无法被评价为侵占罪。

问题3:在介绍贿赂案件中,仅将“截贿”所得作为非法所得予以没收是否存在评价不足?本书回答是肯定的,即仅将非法所得予以没收不足以评价“截贿”行为。首先,介绍贿赂与“截贿”从行为性质上看是完全不同的两个行为。介绍贿赂实际上就是贿赂犯罪的帮助行为,反观

---

〔1〕 林幹人『不法原因給付における給付の意義—批判に答えて』上智法学論集第45卷第2号(2001年)44頁以下参照。

"截贿"行为则属于侵吞行贿款的行为。就行为目的而言,前者与行贿人的立场基本一致,而后者与行贿人的基本立场相反。就行为的作用而言,前者起到帮助、促进行贿罪完成的作用,后者则直接切断了行贿罪的生成路径。所以刑法对介绍贿赂行为的评价,并不能替代"截贿"行为的法律评价,如果该方面缺失,无疑将会弱化刑法评价的功能,屏蔽掉法律正确对"截贿"行贿人的完整性评价。[1] 其次,对"截贿"行为进行独立的评价,有利于维护财产的秩序。财产犯罪所保护的法益不仅包括财产所有权,还包括财产秩序。因此,无论是合法的财产还是非法的财产都应被纳入财产犯罪的保护范围之内。刑法对"截贿"行为进行评价,并不是承认不法给付或不法委托人对赃物具有所有权和请求返还权,而是强调财产秩序的稳定性。最后,将"截贿"行为仅通过没收简单处理,不利于实现刑法规范对社会行为的指导功能。对中间人"截取"财物予以没收,使之无法在"截贿"行为中获利,这种处理看似已经达到了评价"截取"行为的效果,然而根据《刑法》第 64 条的规定来看,将违法所得予以没收,应建立在对委托财物的行为已经定性的基础上,换言之,应以"截贿"的款项已经被评价为贿赂款为前提。在案例 4 中,孙某的"截贿"行为,仅受到了予以没收的处理,对于行为定性问题却避而不谈,不免有些本末倒置的嫌疑。有观点认为:"在没有转交受贿人前,'截贿'人接受委托的财物并没有被定为贿赂款,而且也无法将委托财物评价为贿赂款,因为此时只有行贿故意却无行贿对象,缺少贿赂犯罪构成要件"[2]。实际上,对于介绍贿赂中"截贿"的处理应具体问题具体分析,并区别对待。有明确行贿对象场合中,"截贿"人接受委托的财物属于不法委托,构成侵占罪,该"财物"属于犯罪分子的非法所得应当予以收缴。同时鉴于犯罪预备的规定,委托人的行贿行为由于"截贿"的客观阻拦,仍应构成行贿罪未遂,因此该"财物"还属于供犯罪所用的本人财物,应当予以没收;

〔1〕 参见熊明明:《侵占型"截贿"行为的刑法规制》,载《人民检察》2016 年第 11 期。
〔2〕 熊明明:《侵占型"截贿"行为的刑法规制》,载《人民检察》2016 年第 11 期。

在没有明确行贿对象的场合中，“截贿”人接受委托的财物属于不法给付，“截贿”行为不构成侵占罪，无法将该“财物”认定为非法所得并予以收缴。但该“财物”的给付行为仍将作为行贿罪的未遂处理，该财物还属于供犯罪所用的本人财物，应当予以没收。

问题4：“截贿”如果构成犯罪，是构成诈骗罪还是侵占罪？对于该问题的回答，学界早期的观点认为，中间人对用于行贿的财物，无论是一开始就打算占为己有的，还是在介绍贿赂后由于种种原因虚构事实、隐瞒真相将其占为己有的，均应以诈骗罪进行定罪量刑。[1] 随着对“截贿”行为的认识深入，学界目前对该问题的处理多对“截贿”的行为进行分类并区别对待。[2]

孙国祥教授认为：根据“截贿”的不同手段，可将其分别界定为诈骗、侵占以及事后不可罚的行为。他将“截贿”行为划分为4种：(1)诈骗型的“截贿行为”。所谓诈骗型的“截贿”行为就是委托人将用于行贿的款项交给受托人，受托人并没有实施所委托的事项而是直接将财物占为己有的行为。对于该行为应以诈骗罪处理。具体可分为以下4种类型。①无能力介绍贿赂。②不打算也没有实施介绍贿赂。③没有转交财物谎称已经转交。④“多收少送”占有部分款项。之所将其认定为诈骗罪是因为在该行为类型中，并没有行贿行为或者介绍贿赂行为发生。用于行贿的财物并没有与实际的贿赂犯罪行为相结合，因此该财物不应被视为赃物，其法益仍处于财产犯罪的保护射程之内。同时，由于该类型行为根本不存在所谓事实的委托关系，因而无法成立侵占罪，该行为类型虚构事实、隐瞒真相的主要目的就是骗取委托人交付财物，所以应以诈骗罪处理。另外，从该行为的处罚正当性来看，虽然委托者是不法委托或不法给付，但这一原因并不能阻却“截贿”行为的不法。甚至可以说

[1] 参见李文峰：《贪污贿赂犯罪认定实务与案例解析》，中国检察出版社2011年版，第560页。

[2] 参见孙国祥：《“截贿”行为的刑法性质辨析》，载《法治研究》2016年第1期；熊明明：《侵占型“截贿”行为的刑法规制》，载《人民检察》2016年第11期。

"截贿"人比一般的诈骗罪的主观恶性还要大。(2)侵占型的"截贿"。一般"截贿"往往伴随欺骗行为的发生,而不构成侵占罪,但仍有例外的情况。例如"截贿"行为取得财物的过程中,并未使用欺骗手段,且委托人与"截贿"人之间建立了事实上的委托关系。事后由于种种原因,并没有实施介绍贿赂的行为,在委托人的请求归还后,拒不归还的场合中,应按照侵占罪定罪处罚。(3)事后不可罚的"截贿"行为,即中间人转送行贿的财物,遭到拒绝后转而侵吞财物的行为。因为该财物已经与行贿行为相结合,其性质已经变为赃款赃物,就法律效果而言应当予以没收。行贿人与受托人共同构成了共犯关系,行贿未遂的款项显然属于赃物,受托人亦无返还之必要。此时,介绍贿赂与行贿罪足以对该共犯关系进行充分评价。(4)不构成犯罪的"截贿"行为,①随意使用委托交付的款项后归还的,即中间人收到用于行贿的财物后,不经委托人同意,私自改变用途,经要求返还而予以归还的行为。②委托人没有指定款项用途的,即行贿人为谋取不正当利益,委托中间打点关系,并给予一定的"活动经费",如果中间人利用与国家工作人员的特殊关系,并没有利用该"活动经费",事后对"活动经费"占为己有的,该款项应视为中间人的违法所得,该行为则成立利用影响力受贿罪。若受托人把部分钱款侵吞,则成立介绍贿赂罪,该笔钱款则视为违法所得进行没收。[1]

另有熊明明博士认为:"截贿行为的司法评价不应与基本刑法原则产生冲突,立足刑法教义学,对侵占型截贿行为区分类型较为妥当。"他将"截贿"行为划分为4种:(1)"没有转交"占有款项。该种行为类型主要有两种:其一,将行贿款隐匿后诈称已送出;其二,在转交行为发生前,行贿人反悔想要回行贿款,但却遭到受托人拒绝。两者没有本质上的区别,都应构成侵占罪。(2)"转交拒收"占有款项。与孙国祥教授不同,熊明明博士认为,"截贿"行为的认定与转交与否没有关系,只要受托人将已占有的财物侵吞就应当以侵占罪论处。与此同时,"截贿"行为与介

[1] 参见孙国祥:《"截贿"行为的刑法性质辨析》,载《法治研究》2016年第1期。

绍贿赂行为两者之间存在较大的差异,不能等而视之。如此一来,“截贿”行为是介绍贿赂行为的事后不可罚行为一说也就无从谈起了。(3)“收后少送”占有款项。侵占数额的多少,不会影响“截贿”人将差额部分予以侵吞的行为性质,将其纳入侵占罪的规制范围比较妥当。(4)“送了再要”占有款项。“截贿”人通过虚假的事由,骗取行为人再次给付行贿款,并将该款项据为己有的。由于“截贿”人在取得行贿款前便已形成了非法占有之意,此时应以诈骗罪论处。[1]

本书认为,首先“截贿”行为之所以被刑法所关注离不开始作俑者委托人(行贿人)的参与。在我国刑法语境下,无法绕开《刑法》第22条对预备行为刑事归责规定。既然我国刑法对为了犯罪,准备工具、制造条件的行为,认定为预备行为,那么以行贿人的行为是不法原因给付还是不法原因委托来界分“截贿”行为的性质则具有天然的规范正当性。不法原因给付与不法原因委托的实质区分,则是行贿人委托交付时有无明确的行贿对象作为界限。这是因为当行贿人对转交行贿的对象有明确指向时,行贿人对于该财物的不法交付往往不具有终局性,因而不符不法原因“给付”对终局性的要求。反之,当行贿人委托交付时没有明确的行贿对象时,行贿人对于该财物的不法交付往往具有终局性,因而符合不法原因给付对终局性的要求。其次,对于财产犯罪保护的法益而言,无论是合法的财物,还是非法的财物皆应纳入保护的射程之内。因此,就财物的性质而言,合法与否并不重要。在三阶层犯罪构成要件的判断模式中,诈骗罪与侵占罪等财产犯罪的对象本来就包含合法财物与非法财物。但是值得注意的是,侵占罪与诈骗罪等其他的财产犯罪的显著不同,在于其财物的取得方式上:前者是不转移占有取得罪(侵占罪、职务侵占罪),后者是转移占有取得罪(如抢劫罪、盗窃罪、诈骗罪、抢夺罪)。区分的关键是是否有委托关系。理论通说认为,侵占罪的委托关系以事实委托关系为主。那么如此一来,不管是不法给付还是不法委托皆是一

---

〔1〕 熊明明:《侵占型“截贿”行为的刑法规制》,载《人民检察》2016年第11期。

种事实上的委托关系,“截贿”行为是对事实委托关系的破坏也毋庸置疑,所以“截贿”行为则原则上排除了诈骗罪成立的可能性。与其他判定模式相比,少了通过欺骗方式,将财物占为已有到底是诈骗行为,还是侵占行为的不必要争论。最后,当行贿人的交付行为是不法委托时,则“截贿”行为构成侵占罪。对于有学者所担心的“由于侵占罪是亲告罪,当行贿人案发后不对‘截贿’人进行诉讼,则国家无法通过公诉的方式进行追诉,造成‘截贿’人获利的困境发生”[1]。其实“截贿”所得款项属于行贿罪的犯罪工具又属于侵占罪的违法所得,应当予以没收。换言之,即使行贿人不追究“截贿”人侵占罪的责任,国家机关依然可以对委托的财物以行贿罪的犯罪工具予以没收;当行贿人的交付行为是不法给付时,“截贿”行为虽然在侵占罪的构成要件该当性上不存在障碍,但因为不法原因给付制度的存在,阻却了刑事违法性,该行为不构成侵占罪。但对于“截贿”所得款项,依然可以认定为行贿罪的犯罪工具予以没收。也许会有人认为,从“截贿”行为来看,不法委托的“截贿”与不法给付的“截贿”并没有本质的不同,却造成罪与非罪的刑法评价,实有不妥。但本书认为,法秩序统一原则作为基本原则,应当被尊重。“在实质解释论中,处罚必要性始终是一个极为强势的概念,它以一种实质合理性的名义在很大程度上主导着解释的方向,这也就潜藏着突破可能语义边界的危险。”[2]“非所有侵害法益的行为都为刑法所禁止,只有那些经立法者根据宪法上的价值选择进行判断后,被视为极其有害的特定行为方式,才应受到刑事处罚。因此,人们必须忍受保护漏洞的存在。这种情况被称之为刑法的不完整性。”[3]换言之,当漏洞无法被忍受时,人们除了寻求立法解决外别无他法。安全与自由始终都是人类社会追求的终极目标,我们不能对侵害安全的行为视若无睹,也不能因噎废食以牺牲自由为代

---

〔1〕 熊明明:《侵占型“截贿”行为的刑法规制》,载《人民检察》2016年第11期。

〔2〕 陈兴良:《罪刑法定主义的逻辑展开》,载《法制与社会发展》2013年第3期。

〔3〕 [德]乌尔斯·金德霍伊泽尔:《刑法总论教科书》,蔡桂生译,北京大学出版社2015年版,第22~23页。

价去乞求安全。对于不法给付的“截贿”行为,我们不以侵占罪论处。一方面,保全了法秩序的统一,使得违法性层面上民法基本原理与刑法保护机制有效的对接;另一方面,在信赖关系的破坏程度上来看,“截贿”行为无疑是对信赖关系的破坏。但不法委托之“截贿”往往有明确的行贿对象属于直接破坏,而不法给付之“截贿”往往没有明确的行贿对象属于间接破坏。前者的刑事违法性大于后者。

第三节　本章小结

不法原因给付财物与侵占,刑法理论与实践中往往涉及三种案件类型,即赃物、贿赂以及违禁品(鉴于违禁品的特殊性,将在之后的章节中专门论述)。在涉及赃物的场合中,因为赃物通过销售等途径进行“变现”后,其民法的性质已经发生了较大的变化,所以将侵吞赃物本身和侵吞销赃款进行区别实有必要。侵吞赃物本身行为的刑事司法认定,理论与判例之间仍有很大的出入。之所以产生这样的结果,与民刑两法理论界长期忽视不法原因制度的构建不无关系。一个行为是否符合不法原因给付,则往往需要满足三个方面的条件:其一,具有给付行为,且给付带有终局性;其二,具有不法原因,且是主观原因论下的不法原因;其三,不法原因认识为必要。根据对案例的还原,对于不法原因给付的“终局性”能够产生较为清晰的判断。原则上,共犯之间的所谓“给付”行为应认定为不法委托,不属于不法原因给付,构成侵占罪(案例1)。仅对赃物进行侵占的行为,因为没有不法原因给付人的“参与”不符合主观原因理论,亦不属于不法原因给付,因此构成掩饰、隐瞒犯罪所得罪(案例2)。

“截贿”行为由于涉及行贿人、中间人以及受贿人多个参与主体,理应进行多视角进行考量。同时,行贿款物在不同主体之间表现出的法律性质也应有所不同。在涉及截取贿赂的场合,依然可以通过有无明确的贿赂对象来判断是不法委托还是不法给付。如案例 4 般有明确贿赂对象的，其交付委托的财物行为不具有“终局性”，应认定为不法委托。侵吞该贿赂的构成侵占罪，侵吞的“截贿”款应以“截贿”行为人的“犯罪分子违法所得”，予以追缴。案例 5 ~ 7 中没有明确贿赂对象，其交付委托的财物行为具有“终局性”，符合不法原因给付。侵吞该贿赂的，虽然构成侵占罪的构成要件该当性，但由于不法原因给付的法律效果使该款项不再具有民法的保护价值，因而阻却了该行为的刑事违法性，无法构成侵占罪。所截取的款物应以行贿罪预备犯或未遂犯中“供犯罪所用的本人财物”，予以没收。

第五章 非法获取不法原因给付物与诈骗罪

根据我国《刑法》第266条的规定，诈骗罪的罪状主要包括三个要素，即诈骗行为、犯罪对象的财物以及构成犯罪的最低数额。骗是诈骗罪的主要特征。普通的说谎和隐瞒是诈骗行为的常见形态，除此之外还要达到被骗人自愿处分财物的程度。其中诈骗行为要与自愿处分财物形成因果关系，即自愿处分财物是由于诈骗行为的错误引导而造成的，如果不存在引起与被引起的因果关系则该行为就不是诈骗罪。[1] 当诈骗行为人通过“虚构事实、隐瞒真相”骗取他人进行不法原因给付时，不法原因给付与诈骗罪则形成了交叉点。例如，行为人将面粉冒充白粉，诱骗他人进行购买的行为。一方面，受骗人因被行为欺骗造成错误处分，支付了大量的现金。另一方面，购买毒品的行为其本身不具有合法性，受骗人的给付行为又符合不法原因给付。因此，所产生的问题便是，行骗人虚构事实、隐瞒真相骗取他人不法原因给付

〔1〕 福田平「刑法各論」(有斐閣，2002年)252頁。

财产的行为是否构成诈骗罪?

第一节　概念的界说

概念已经在人类的生产生活中打下了深深的烙印,成为人们认识世界改造世界的常用方法。同时,概念在法学研究中也具有举足轻重的地位。[1] 概念的明晰对于法学理论与司法实践具有重大的指导意义,因此,非法获取不法原因给付物与诈骗罪的交叉类型,被害人处分行为与不法原因给付人的给付行为仍有必要进行进一步的概念明确化。

一、诈骗罪中涉及不法原因给付的类型

理论上,对行为人实施诈骗行为非法获取他人不法原因给付财物的情形,常常以不法原因给付的类型不同进行分类,并根据不同的类型,做出具体的刑法评价。在德国,刑法理论界往往结合发生的判例,将不法原因给付与诈骗罪,进行了4个种类的划分:(1)欺骗被害人做出不法原因给付后,拒绝提供相应给付也不退还财物。[2] (2)在对方提供不法原因给付后,以欺骗的手段免除不法债务。[3] (3)欺骗对方做出违反伦理的给付后,自己拒绝提供反向给付。[4] (4)骗取违禁品后不支付对价。(鉴于违禁品的特殊性,将在之后的章节中专门论述)[5]德国司法裁判还会有意因诈骗对象的不同进行区别对待。例如,当诈骗的对象是不法

---

[1] 参见张文显主编:《法理学》,高等教育出版社、北京大学出版社1999年版,第76页;雷磊:《法律概念是重要的吗》,载《法学研究》2017年第4期。

[2] 例如,性工作者假装提供性服务,在对方付钱后溜之大吉。又如,行为人一开始就没有替对方杀人的意思,在收到杀人酬金后逃走。

[3] 例如,嫖客在对方提供性服务后,以假币支付费用后溜走。又如,受委托销售赃物,谎称仅卖得少量的钱款。

[4] 例如,欺骗杀手为其杀人后,拒绝提供杀人酬金。又如,欺骗对方提供性服务后,拒绝支付嫖资。

[5] 例如,明知对方所出卖的是盗窃的汽车,骗取汽车后溜走。

原因给付的财物时,则该行为成立诈骗罪的可能性大大增加。当诈骗的对象是不法债务时则成立诈骗罪的可能性大大降低。并且德国的学说也与之保持了高度的一致性。[1] 日本刑法理论将不法原因给付与诈骗,分为财产取得型和不法债务免除型。对于前者,理论与判例一般肯定诈骗罪的成立,对于后者则存在一定的分歧。[2]

无独有偶,随着我国刑法理论界对于财产犯罪的研究日渐深入,我国学者对诈骗罪中不法原因给付的现象同样展开了研究。[3] 本书认为,将不法原因给付物进行分类,然后具体问题具体分析有利于我们对不法原因给付与诈骗罪的行为类型深入讨论。即使在德日两国刑法理论中,也没有对诈骗不法原因给付的财产是否构成诈骗罪形成统一的观点。如何的科学分类,取决于我们对参照物的选择。我国传统通说认为,诈骗罪是以非法占有为目的,用虚构事实或者隐瞒真相的方法,骗取公私财物,数额较大的行为。[4] 不法原因给付的概念表述则为,明知违反强制性法规与公序良俗而进行的给付财物或财产的行为。通过比较,不难得出两者的交叉点,即"财物或财产"。只不过前者为错误处分的财物,后者为不法给付的财物。前文中德国刑法的分类模式多是以诈骗行为人的视角出发,根据错误处分的财物进行分类的。虽然就刑法的角度而言,重视犯罪人的行为有重大的意义,但是就诈骗罪与不法原因给付的

---

〔1〕 德国判例一般认为,骗取对方支付杀人酬金以及骗取对方预付毒资的,成立诈骗罪,而以假币支付作为违反伦理的性行为的对价的,则否认诈骗罪的成立。换言之,骗得财物的,成立诈骗罪,骗免不法债务的,否认诈骗罪的成立;学说上,对于前者一般也肯定诈骗罪的成立,对于后者也倾向于否认诈骗罪的成立。坂井愛『不法原因給付と詐欺罪』日本法学第 73 卷 3 号(2008 年)152 頁以下;杜文俊:《财产犯刑民交错问题探究》,载《政治与法律》2014 年第 6 期。

〔2〕 佐久间修「刑法各論第 2 版」(成文堂,2012 年)223 頁以下参照。

〔3〕 参见张明楷:《刑法学》(第 5 版),法律出版社 2016 年版,第 1005 ~ 1006 页;张明楷:《论诈骗罪中的财产损失》,载《中国法学》2005 年第 5 期;车浩:《占有不是财产犯罪的法益》,载《法律科学(西北政法大学学报)》2015 年第 3 期;郭研、时方:《不法原因给付之于诈骗罪问题探讨》,载赵秉志主编:《刑法论丛》(第 4 卷),法律出版社 2015 年版;周威坤:《不法原因给付与诈骗罪》,载《福建警察学院学报》2011 年第 3 期。

〔4〕 参见高铭暄、马克昌主编:《刑法学》(第 7 版),北京大学出版社、高等教育出版社 2016 年版,第 503 页。

交叉部分而言，忽视不法原因给付对“财物或财产”性质的影响显然有些不妥。一方面，财物或财产作为诈骗行为的对象，属于诈骗罪的客观构成要件要素，并不能与诈骗行为等同。而且分类以不法原因给付为中心，对财物或财产的性质进行先行判断与以行为为中心的刑法罪质判断并不冲突。另一方面，诈骗罪构成要件中，骗取他人错误处分财物的行为实际上就是不法原因给付中的“给付”行为，因此以不法原因给付为中心进行分类并不会导致行为认定上的障碍。综上所述，应当从不法原因给付人的视角出发，对不法给付的财物或者财产进行分类。分类如下：(1)不法原因给付的财物。这里的财物主要指的是金钱或有形的财物。例如，以面粉冒充毒品而进行销售，骗取他人钱财；再如，以欺骗手段进行设局诈赌，骗取他人抵押的贵重物品的。(2)不法原因给付的劳务。这里的劳务主要是指财产性利益。例如，不打算支付嫖资的行为人，假装向性工作者许诺事后支付 5000 元嫖资作为报酬，嫖娼后，行为人溜走；再如，行为人本来没有支付酬金的意思，却欺骗杀手，承诺杀死仇家后愿支付 10 万元作为报酬。事后，杀手杀完人，行为人逃之夭夭。(3)骗取对方免除非法债务。此处的债务主要是由于非法原因给付而形成的非法债务。例如，甲欠乙 100 万元的赌债，后乙索要时，甲施展骗术使乙免除 100 万元的债务。对于以上三种不同的分类是否构成诈骗罪，则往往取决于骗取不法原因给付的财物或财产是否属于“财物”损失，以及“被害人”行为在诈骗罪构成中的影响范围的大小。

二、不法原因给付与财产处分行为

(一)对不法原因的认识

1. 不法原因认识必要说与不法原因认识不要说

对不法原因的认识是作为与给付、不法原因并列的不法原因给付三大构成要件之一，一般认为该要件属于主观要件。所谓对不法原因的认识，就是行为人对于自己行为是否违反强制性规定或公序良俗的认识。在民法理论中存在两种截然对立的观点，即必要说与不要说。必要说认为不法原因给付的成立必须要求给付人认识到所为的给付违反强制性规定或公序良俗的性质。与之相对，不要说则认为不法原因给付只要具备客观构成要件便得以成立。本书支持不法原因认识必要说。法律行为与合同概念都是常见的法律用语。最初，民法学家萨维尼便已经在强调法律行为是意识自由的产物。法律行为的评价应以意识自由的充分与否为根据。[1] 法律行为上的自由是以对不法原因的认识为前提的，如果没有认识那么自由也就无从谈起。

在德国司法实践和学理上通说认为，不法原因给付的认定要求行为人必须明知或可能知道所为给付具有不法性或反道德。[2] 我国亦有民法学者认为对不法原因的认识属于不法原因给付之主观构成要件。[3] 从逻辑上推导，不管是一般预防还是引导国民遵纪守法，皆以国民的意思自由为前提。行为人故意地突破法律设定的界限，追求不法利益时，法律就应当对其进行告诫，让其明白所面临的不利法律后果，促使其放弃不法行为的实施。[4] 另外，鉴于不法原因给付制度对于民刑两法的双重影响。在制度构建上不但要考虑民法的特点，同样也要兼顾刑法的特点。不法原因的认识不要说类似于英美刑法中严格责任，有利于对不法原因给付行为的惩罚。在 19 世纪末 20 世纪初，英美法系国家工业发展迅速，生态环境迅速恶化，工业污染环境灾害等公共侵权事件集中爆发，而社会法益的侵害人的主观方面在现实中又难以被认定，使得公害事件难以被归责。为了完善法律归责体系，法律制定了一种不问主观过错的法律责任类型，即严格责任。这种严格责任在民事侵权制度中并不少见，如今已经成为一种保护公共利益的有效法律武器。例如，我国《民法典》第 1202 条规定的产品质量责任，“因产品存在缺陷造成他人损害的，

---

〔1〕 参见[德]萨维尼:《当代罗马法体系》(第 4 卷)，第 5 页以下。转引自[德]米夏埃尔·马丁内克:《德意志法学之光——巨匠与杰作》，田士永译，法律出版社 2016 年版，第 19 页。

〔2〕 Vgl. BGH NJW 2000，1560(1562)；Stadler (Fn. 21)，§ 817，Rn. 11.

〔3〕 参见史尚宽:《债法总论》，中国政法大学出版社 2000 年版，第 87 页以下；王泽鉴:《债法原理》(第 2 册)，中国政法大学出版社 2002 年版，第 128 页。

〔4〕 Vgl. *Schwab*，Münchener Kommentar BGB，in：Band 5，6. Aufl. 2013，§ 817，Rn. 68.

生产者应当承担侵权责任”。《民法典》第1229条至第1233条规定的环境污染侵权责任表明因环境污染致人损害的,污染者应承担侵权责任。对于一个直接影响民法与刑法两大部门法的民事制度,不法原因给付行为是否能像其他一些民事行为一样不问主观过错,适用严格责任则并非没有疑问。该制度直接突破了主客观相一致的传统刑法原则,与我国刑法理论中的责任主义背道而驰,同时也与不法原因给付制度设立的一般预防的目的南辕北辙。

2. 不法原因给付认识的内容

在不法原因给付认识必要说的前提下,需要进一步讨论的便是不法原因给付认识的内容。逻辑上,不法原因给付认识的内容,应与不法的内容相一致,即不法原因给付认识的内容包括违反强行法之规定以及违背公序良俗。值得注意的是,违反强行法之规定的认识与违背公序良俗的认识应进行区别对待。虽然公序良俗在法秩序上的价值一般情况下是通过强制性法律法规的立法来进行体现的,但是两者在现实层面有时并不一致。例如,强制性法规规定公民应当纳税,而纳税却很难说是一种公序良俗。由于公序良俗往往是一个社会经过长期的发展在社会共同体中被普遍承认的道德公理,给付者只要认识到给付行为可能被评价为违反公序良俗,便可以推定为具备了不法原因给付的认识。由于公序良俗之概念的非确定性,宽泛的内涵导致价值判断的千差万别。这也直接导致了“司法适用中存在以一般道德标准代替公序良俗,概念混用和割裂公共秩序与善良风俗等公序良俗界定问题,也包括判断对象错误,向一般条款逃逸等适用不规范问题”[1]。我们暂且放下公序良俗自身的问题不谈。如果在公序良俗的认知上存在错误,则更多的表现为事实的认识错误,在刑法上则有可能阻却故意的成立;与之相反,强制性法规虽然也体现公序良俗的法秩序价值,但是毕竟是立法者的直接意志体现,兼具了法律法规引导社会共同体基本价值理念发展方向的指导功

---

〔1〕 蔡唱:《公序良俗在我国的司法适用研究》,载《中国法学》2016年第6期。

能,并不必然地与社会公众的认识一致,因此,只有给付人在明确认识到强制性法规所禁止的性质时,不法原因给付认识才得以被肯定。如果行为人在强制性法规的认知上存在错误,则更多的体现为法律的认识错误,在刑法上则只有在不可避免的情况下阻却责任。需要强调的是,这种公序良俗与强制性法规进行区别对待的观点是一种存在论层面的技术性区分。现实中存在大量的既违反公序良俗,又违反强制性法规的情况。例如卖淫交易、毒品交易等。这种情况下,由于既属于公序良俗,又属于强制性法规,因此成立标准适用公序良俗的推定认知即可,无须明确知晓强制性法规。

(二)本书的立场

当不法原因的"给付"与财产的"处分"行为重合时,便产生了不法原因给付与诈骗罪的交集部分(此处所讨论的给付行为针对的仅是财物或金钱,财产性利益由于在刑法认定上没有财产损失,因此不再讨论的范围之内)。所带来的问题是:因行为人的诈骗行为所导致的被害人财产处分,不但要具有引起与被引起的关系,还要求被害人所做出的财产处分行为是错误处分行为。这也是诈骗罪的构成要件中必须要有财产损失的关键之所在。那么,错误的财产处分行为,是否还能被认定为不法原因给付则成为问题。

逻辑上则有否定说与肯定说两种观点。否定说认为,错误的财产处分行为,阻拦了给付人对不法原因给付的真实认识,因而给付行为不符合不法原因给付的认定;肯定说则认为,错误的财产处分行为仍是不法原因给付,给付人对不法原因的认识没有偏差,故给付行为仍然符合不法原因给付的认定。

本书的基本立场为肯定说,不法原因给付的成立以对不法原因有认识为必要,且要区分认识内容上的错误。对不法原因的认识是形式上的有无判断,而不法原因认识内容则是实质上的错误与否的判断。给付行为如果要成立不法原因给付,不但客观上要该行为违反强制性法规或公序良俗,而且主观上还要求行为人对不法原因具有认识。正如否定说所指出的那样，当行为人（被害人）的认识由于诈骗行为而产生错误时，其对不法原因的认识则存在瑕疵。例如，行为人（被害人）原本想买毒品，诈骗行为人得知后通过虚构事实、隐瞒真相将面粉伪装成毒品，骗被害人进行交付的情形。在上述情形中，并没有真实的毒品交易，也不可能存在真实的毒品。被害人的不法原因的给付行为，完全是由于诈骗行为所导致的错误财产处分。如果事前告知被害人给付行为所换回的“毒品”实际上是面粉时，被害人则肯定不会实施给付行为。然而事实并非如此，作为不法原因交易标的的“毒品”是否真实存在，与不法原因给付人对自己购买毒品的行为是违反强制性法规的认识基本没有影响。不法原因给付人因为欺骗行为，引起错误认识并进行错误处分时，造成影响的仅是针对交易目的能否达成。换言之，不法原因给付人的错误处分财产中的“错误”，其实和给付人在违反强制性法规的认识内容错误并不是一个层面的问题。即使不法原因给付人因诈骗行为“错误”处分财产，进而造成交易不能，不法原因给付人在违反强制性法规层面也不存在任何错误。给付行为仍然是一个典型的不法原因给付行为，给付出去的财物仍然在民法评价中丧失返还请求权，而无法得到民法的保护。

第二节　不法原因给付中的“财产”损失

在我国刑法理论中，对于财产损失是否是诈骗罪的构成要件要素有争论。从条文中的文意解释来看，《刑法》第 266 条所规定的“数额较大”、“数额巨大”及“数额特别巨大”是否就意味着财产损失就是诈骗罪的必备构成要件要素，学界亦颇有争论。即使将财产损失视为诈骗罪的构成要件要素，也无法将不法原因给付的财物当然地纳入财产损失的计算之中。因此，对于以上问题实有研究的必要。

一、"财产损失"在诈骗罪构成要件中的地位

财产损失是否是诈骗罪的构成要件,国外存在两种截然不同的立法例。一种为刑法明文规定诈骗罪的构成要件包含财产损失。例如《德国刑法典》第263条、《法国刑法典》第313条、《意大利刑法典》第640条皆将财产损失列为诈骗罪的构成要件。另一种为刑法条文中没有明确地将财产损失纳入诈骗罪犯罪构成要素。例如,《加拿大刑法典》第380条、《日本刑法典》第246条、《俄罗斯刑法典》第159条皆没有规定财产损失是诈骗罪的犯罪构成要件。

对于刑法条文中没有规定财产损失的国家,财产损失是否是隐形的构成要件要素依然是争论的焦点。以日本为例,关于财产损失是否是诈骗罪犯罪构成的必备要件,存在两种大相径庭的观点。一种观点从行为无价值的立场出发认为,刑事处罚主要针对的是行为人的反社会性,诈骗行为的实施就已经表明行为人的这一内在属性。所以财产损失与诈骗罪的成立无关,而与犯罪的既未遂有关联。[1] 另一种观点则是从结果无价值的立场出发认为,财产损失直接关系到财产法益是否被侵犯行为所破坏,刑法对于财产的保护不应当脱离法益的概念而独立完成。因此,成立诈骗罪应以财产损失为基础。[2] 值得注意的是,在日本亦还有一种虽然认为财产损失是构成要件,但不具有独立性的观点。也就是说,"财产损失当然是诈骗罪构成要件要素之一,被害人对所转移的财产或者利益的丧失本身就是诈骗罪的构成要件结果性的体现,即财产损失,但却不同意将财产损失作为独立的构成要件要素来判断"[3]。在日

---

〔1〕 牧野英一『刑法各论下卷』(有斐閣,1951年)684頁参照。

〔2〕 参见[日]前田雅英:《日本刑法各论》(第2版),董璠兴译,台北,五南图书出版公司2000年版,第159页。

〔3〕 [日]山口厚:《刑法各论》(第2版),王昭武译,中国人民大学出版社2011年版,第311页。

本，通说与判例皆支持财产损失为诈骗罪必备的构成要件。[1]

我国《刑法》第266条诈骗罪仅有“诈骗公私财物，数额较大的”构成要件叙述。其亦没有明确指出财产损失是否为诈骗罪的构成要件要素。对于“数额较大的”理解，并不能直接得出财产损失就是诈骗罪构成要件的结论。这是因为，根据2011年最高人民法院、最高人民检察院《关于办理诈骗刑事案件具体应用法律若干问题的解释》第1条的理解[2]，所谓的数额较大主要是指诈骗行为所指向的财物数额较大，与损失数额不具有直接关联性。换言之，行为人针对数额较大的财产实施诈骗行为，则已经符合诈骗罪的数额要求了，是否有财产损失则是在诈骗罪定性后的犯罪形态判定的主要依据。

张明楷教授对此提出不同的见解：为了保护法益，刑法才应运而生。财产犯罪的首要任务就是保证财产法益的完整性。诈骗罪作为典型的财产犯罪，其保护目的不应脱离财产法益的实质内涵。财产损失仅是法益遭受侵害的外在表现形式。无论是否认为财产损失是诈骗罪构成要件的独立要素，都要通过对财产法益的侵害审视来判断构成要件是否符合。[3] 并由此将诈骗罪（既遂）之基本构造确定为：行为人实施欺骗行为——对方（受骗者）产生（或继续维持）错误认识——对方基于错误认识处分财产——行为人或第三者取得财产——被害人遭受财产损害。[4] 在这里虽然财产损失是诈骗罪的构成要件，但是其依然是为财产法益服务的。

本书认为，财产损失是我国诈骗罪的不成文构成要件。理由如下：

首先，从我国的财产犯罪的保护法益的范围来看，财产损失依然是诈骗罪的构成要件。虽然《刑法》第91条、第92条仅确立了合法财产的

---

〔1〕 参见刘明祥：《论诈骗罪中的财产损害》，载《湘潭工学院学报（社会科学版）》2001年第1期。

〔2〕 该条规定：诈骗公私财物价值3000元至1万元以上、3万元至10万元以上、50万元以上的，应当分别认定为《刑法》第266条规定的“数额较大”、“数额巨大”、“数额特别巨大”。

〔3〕 参见张明楷：《论诈骗罪中的财产损失》，载《中国法学》2005年第5期。

〔4〕 参见张明楷：《刑法学》（第5版），法律出版社2016年版，第1000页。

保护范围,但是最高人民法院于2005年出台的《关于审理抢劫、抢夺刑事案件适用法律若干问题的意见》第7条、第9条又将违禁品、赌资以及赃款赃物等非法财物扩大到财产犯罪的保护范围。对于合法财产而言,财产损失无疑是评价财产犯罪法益保护的对象是否受到侵害的唯一标准,即造成财产损害才可能构成诈骗罪,没有财产损害的诈骗行为不可能成立诈骗罪。就非法财物而言,财产损失其实更多指向的是财物本身的经济价值的贬损,其具有强烈的经济属性,而不是法律属性。因此,在诈骗对象为非法财物的场合中,财产损失仍然是欺骗行为是否构成犯罪的必备要素之一。总而言之,诈骗罪中的"数额较大"无论是理解为"数额较大的财产损失"还是理解为"骗取的财物数额较大",其潜在的前提都是承认诈骗罪的成立必须要具有财产损失的构成要素。实际上,数额较大就是诈骗罪保护法益受到侵害的外化结果,因而从我国的财产犯罪的保护法益的范围来看,财产损失依然是诈骗罪的构成要件。[1]

其次,诈骗罪构成要件中未明文规定财产损失是立法功利主义使然。我国《刑法》未对诈骗罪规定财产损失,其实是立法技术成熟的表现,也是功利主义在刑法制定中的体现。"法律是以其极少数的条文,网罗极其复杂的社会生活,为便于适用和遵守起见,条文固应力求其少,文字应力求其短,以免卷帙浩繁,人们无所适从之叹。"[2]其实,在我国刑法理论与司法实践中,这种不成文的构成要件并不少见。例如,非法占有的目的并未出现在盗窃罪与诈骗罪的刑法条文中。但刑法理论与司法实践仍将非法占有的目的视为盗窃罪与诈骗罪的构成要件之一。[3]同理,如果没有财产损失的要求,就很难区分财产犯罪与其他类罪。也就是说,为了追求立法的简明化,对一些大家已达成共识的要件进行非成文化处理,不但不会影响该罪犯罪构成的理解,还可最大限度地缩减

〔1〕 参见肖宝:《不法原因给付在诈骗罪中的处理》,清华大学2015年硕士学位论文。

〔2〕 林纪东:《法学通论》,台北,远东图书公司1953年版,第89页。

〔3〕 参见高铭暄、马克昌主编:《刑法学》(下编),中国法制出版社1999年版,第900、906页。

法条的篇幅。这种隐含的构成要件要素,被称为"不成文构成要件要素"。

最后,从错误处分财产与财产损失的关系来看,财产损失应当成为诈骗罪的构成要件要素。理论上一般认为,行为人实施诈骗行为,被害人产生错误认识处分财产是典型的诈骗行为类型。其中产生错误认识处分财产是诈骗罪区别于盗窃、抢夺以及抢劫等其他财产犯罪的主要行为特征。处分行为必须与被害人财产的损害具有因果关系。如果财产损失不是由处分行为引起的,则很难从客观上证明被害人的处分是错误的,亦很难将诈骗行为与盗窃行为进行明确的区分。例如,行为人借口有急事"借打"手机,拿到手机后逃之夭夭的行为。被害人明显具有财产损失,是否构成诈骗罪则需要进一步对财产损失与错误处分的因果关联性进行分析。具有因果关联性则可以构成诈骗罪,反之则可以成立盗窃罪。财产损失不但在与错误处分的因果关联性上扮演重要角色,还是诈骗罪的既遂未遂的重要判断因素。与德日刑法不同,我国刑法以处罚未遂为原则。根据最高人民法院、最高人民检察院《关于办理诈骗刑事案件具体应用法律若干问题的解释》第 5 条第 1 款规定:"诈骗未遂,以数额巨大的财物为诈骗目标的,或者具有其他严重定罪情节的,应当定罪处罚。"因此,具有财产损失则往往构成诈骗罪的既遂,反之则构成诈骗罪的未遂。

二、整体财产说与个别财产说的选择

虽然我国《刑法》第 266 条诈骗罪未明确规定财产损失为构成要件要素,但随着德日刑法学说对我国的进一步影响,财产损害是不成文构成要件要素的观点渐渐成为多数说。[1] 那么,财产损害的判断标准应如何理解,则仍有理论上的争论。

理论上将财产损害的概念分为两种:一种是以被害人整体财产之减

〔1〕 参见陈兴良主编:《刑法学》,复旦大学出版社 2006 年版,第 430 页。

少为损失的整体财产说;另一种则是以个别财产之丧失为损失的个别财产说。例如,某宝网站上,行为人将原本5000元的毛绒大衣,宣传为定价8000元的毛绒大衣,而减价到5000元的价格卖出,是否构成诈骗罪?整体财产说认为,被害人的财产状态整体进行侵害造成被害人的整体财产状况恶化才是真正的财产损失。换言之,财产损失应在财产的丧失与取得之间进行整体的评价判断,如果整体价值没有减少则没有财产损害,因而否定犯罪成立。典型的就是《日本刑法典》第247条的背信罪。就上述案例而言,行为人虽然实施了虚构事实的行为,致使被害人财产损失5000元,但行为人通过相对给付,被害人仍获取了5000元的财物,整体评价上没有财产损失,因此该行为不构成诈骗罪。与之相对,个别财产说认为,对被害人的个别财产(如财物、债权、无体财产权等)进行侵害就是财产损失。其特点是,只要行为人对被害人的个别特定财产造成侵害,即使被害人获得一部分或全部相对给付,也仍可认定为财产损失。就该案件而言,行为人只要虚构事实、隐瞒真相,致使被害人产生认识错误给付了5000元,就可以认定为财产损失,相对给付的财物不影响其成立诈骗罪。一般理论认为,盗窃罪、侵占罪都属于对个别财产的犯罪。

在我国财产犯罪中,并未规定背任罪这种典型的针对整体财产的犯罪。因此,我国有学者指出,我国刑法中的财产罪都是对个别财产的犯罪。[1] 换言之,诈骗罪也是针对个别财产的犯罪。在日本刑法中,即使支付了价值相当的对价品,也依然构成诈骗罪已经成为判例和理论的通说。[2] 对于中日两国皆将诈骗罪认定为针对个别财产的犯罪的观点,有学者提出了反对意见:“个别财产说存在三个理论上的缺陷。其一,个别财产说和诈骗罪的保护法益相冲突,使得诈骗罪有保护交易的诚信意思或者社会秩序之嫌;其二,仅关注诈骗行为,忽略价值的整体贬损,使其很容易滑落行为无价值的基本立场中,不当地扩大了诈骗罪的处罚范

---

〔1〕 参见张明楷:《刑法学》(第5版),法律出版社2016年版,第939页。

〔2〕 参见[日]前田雅英:《日本刑法各论》,董璠兴译,台北,五南图书出版公司2001年版,第160页。

围;其三,无法有效区分刑事诈骗与民事欺诈,使得大量违背诚信的贸易行为被评价为诈骗罪。"[1]本书对该学者对于个别财产说的批评深以为然,但并不赞同其对整体财产说的表述与证成。该学者认为:"整体财产说更符合诈骗罪的财产犯罪的特征。并且,整体财产说中的整体,不仅仅包括财物的客观价值,还包括财物的主观价值。只有主客观两个方面的价值都未受到损失时,才可以认定为没有财产损失。换言之,除了比较财物的客观价值之外,还要根据被害人的目的、有用性等要素判断财物对被害人的主观价值增减。"[2]实际上,这种类似于民事行为意识真实性判断的方式,能否直接套用到刑法财产损失判断中仍然有较大的问题。一方面在于被害人主观因素很难被观察出来,另一方面加入主观价值判断的整体财产说是否还能与个别财产说进行区别仍然存在疑问。另外,如果说以行为无价值为基本立场的个别财产说具有与生俱来的诸多缺陷,那么以结果无价值为基础而建立的整体财产说则同样具有各种先天不足。整体财产说重视客观价值损失的同时,很容易割裂行为主客观两方面的统一性,对行为人主观恶性上评价不足。

在我国诈骗罪与盗窃罪等财产犯罪的对象具有一致性,既包括财物,也包括财产性利益,并不像日本刑法那样,将盗窃罪固定在有体物的范围内[3],而在诈骗罪中则通过第2款的规定将诈骗罪的保护范围扩展到财产性利益。虽然中日两国在盗窃罪中的法益保护范围不同,但两国就诈骗罪的保护范围却体现出一致性。关于什么是财产损失的判断标准,在到底是整体财产说还是个别财产说之外,实际上还存在一种两分说。两分说认为:财产损失标准应当根据犯罪侵害对象的不同而有所区别。针对以财物为客体的罪是侵犯个别财产的罪,而针对以财产性利

[1] 任永前:《论诈骗罪中的财产损失》,载《法学杂志》2015年第5期。

[2] 任永前:《论诈骗罪中的财产损失》,载《法学杂志》2015年第5期。

[3] 虽然《日本刑法典》第245条规定了偷电行为能够成为盗窃罪,但这仅仅是一种法律拟制,大部分的财产性利益不能成为盗窃罪的侵害对象。

益为客体的罪侵害的则是整体财产。[1] 但是在日本,由于未能贯彻二分说的基本观点,为了使结论与司法实践保持一致,认为在两分说中将债权和无体财产权等各个财产权视为侵犯个别财产之罪的观点属于两分说中的有力说,进而实质上造成了大部分财产犯罪仍是侵犯个别财产的犯罪的认定,削弱了两分说的存在必要性。[2]

在我国,已有学者对简单以整体财产说与个别财产说对立来代替实质的财产损失提出疑问。"把财产罪分为对个别财产的犯罪与对整体财产的犯罪的区别本身就是值得商榷的"[3],"事实上,从我国刑事立法与司法解释来看,很难说立法者与司法当局心目中存在对个别财产的犯罪与对整体财产的犯罪这一区分。从法律条文上的理解,不应将诈骗罪理解为对整体财产的犯罪,但同样不应将诈骗罪理解局限于对个别财产的犯罪"[4]。采取单一的财产判断方式很容易陷入自相矛盾的陷阱中。以欺骗性工作者提供性服务后,使用欺骗手段免除嫖资为例,有学者认为:一方面基于个别财产说与经济的财产立场,只要造成他人经济损失,就可以认定为财产上的损失,无须民法对该财产合法性的承认;另一方面又基于国民感情认为提供性服务本身或欺骗免除嫖资不是经济利益,不存在财产损失。[5] 但在不存在诈骗行为的场合中,大部分性工作者在提供性服务后一般仍会获得一定量的金钱或财物,刑法理论也往往将应当获得而没有获得视为一种财产损失。"因而张明楷教授的解释结论有一定的矛盾性,不具有逻辑上的连贯性,存有不妥当

〔1〕 参见[日]前田雅英:《日本刑法各论》,董璠兴译,台北,五南图书出版公司 2001 年版,第 160 页。

〔2〕 团藤重光『刑法綱要各論改訂版』(创文社,1985 年)528 頁参照;大塚仁『刑法概説各論改訂版』(有斐閣,1987 年)163 頁参照。

〔3〕 刘明祥:《财产罪比较研究》,中国政法大学出版社 2001 年版,第 245、247 页。

〔4〕 周旋:《我国刑法侵犯财产罪之财产概念研究》,上海,三联书店 2013 年版,第 123 页。

〔5〕 参见张明楷:《刑法学》(第 5 版),法律出版社 2016 年版,第 931 ~932、1005 页。

之处。"[1]

本书认为，在日本，个别财产说仍是判断财产损失的主要根据，但是这并不能影响两分说成为我国判断财产损失标准的合理性。在我国无论是财物，还是财产性利益，都能成为盗窃罪或诈骗罪等转移型财产犯罪的侵害对象。因而，通过界分财物与财产性利益来判断财产损失的标准，和我国现行刑法与司法实践相契合。

三、不法原因给付的财产损失数额认定

刑法理论上，一般判断某物能否成为财产犯罪的对象，主要是看该物是否符合"财物"的三个特征：第一，管理可能性；第二，转移可能性；第三，价值属性。我国刑法与德日等国刑法明文区分财物与财产性利益不同，仅使用"财物"这一概念代替财物与财产性利益。从"财物"的三大特性来看，财产性利益完全符合"财物"的基本属性，故财产性利益与财物并无本质不同。在诈骗行为人虚构事实、隐瞒真相，骗取他人给付，而该给付恰恰属于不法原因给付时，所存在的问题主要涉及两点：其一，不法原因给付的财物是否可以成为诈骗罪的对象。（该问题前文已经解决，在此不再赘述）其二，不法原因给付的财物损失应如何认定。

在不法原因给付与诈骗罪的类型划分上，本书支持从不法原因给付人的立场出发，将类型划为三类，即不法原因给付的财物（有体物或金钱）、不法原因给付的劳务（应增加而未增加的财产性利益）以及免除不法原因给付的债务（应减少而未减少的财产性利益）。鉴于合法财产与非法财产皆为财产罪的保护对象，那么诈骗罪也不应当存在例外。存在的问题是，在我国除抢劫外的大多数财产犯罪都规定了数额较大的犯罪构成要件要素，诈骗罪也不例外。在 2011 年最高人民法院、最高人民检察院出台的《关于办理诈骗刑事案件具体应用法律若干问题的

[1] 郭研、时方：《不法原因给付之于诈骗罪问题探讨》，载赵秉志主编：《刑法论丛》（第 4 卷），法律出版社 2015 年版。

解释》第 1 条便规定构成诈骗罪不但要求具有财产损失，还要求损失具有一定的数额。[1]

实际上对于财产损失不同看法的争论实质是客观价值与主观价值之争。众所周知，财物的价值包括客观价值与主观价值，但主观价值必须能够用金钱来评价。[2] 换言之，整体财产说意味着客观价值损失和主观价值损失，缺一不可。与之相对，个别财产说意味着客观价值损失或主观价值损失，具一而足。客观价值主要指财物所具有的客观价值。例如，汽车、自行车、食品、金钱等，都具有客观价值。主观价值是指所有者、占有者主观的感情的价值，不能够用金钱评价，如情书、照片等。[3] 整体财产说认为，财产损失应当以最后的客观价值损失为判断基础。个别财产说则认为，财产损失应当以主观价值损失判断为基础。

1. 不法原因给付财物的损失认定

因此对于不法原因给付的财物或财产性利益的损失数额之认定就显得尤为重要了。在不法原因给付为财物场合中，财物损失的数额认定标准应当以个别财产说为依据。例如，以正版的音乐光碟冒充色情光碟，骗取他人钱财 3000 元。即使事后经鉴定正版音乐光碟价值 1500 元，也应当认定其诈骗数额为 3000 元，不应当认定诈骗数额仅为 1500 元，而不将其认定为“数额较大”，这样才符合诈骗罪构成要件的该当性。这是因为，行为人虽然提供了全部或一部分价格相当的给付，但就不法原因给付人而言，3000 元的给付完全是由行为人的诈骗行为所引起的，如果告知真相的话不法原因给付人将不可能进行支付，不能以诈骗行为进行了全部或一部分相当给付为由，否认不法原因给付人的财产损失。但是

---

〔1〕 诈骗公私财物价值 3000 元至 1 万元以上、3 万元至 10 万元以上、50 万元以上的，分别认定为《刑法》第 266 条规定的“数额较大”、“数额巨大”以及“数额特别巨大”；各省、自治区、直辖市高级人民法院、人民检察院可以结合本地区经济发展状况，在前款规定的数额幅度内，共同研究确定本地区执行的具体数额标准，报最高人民法院、最高人民检察院备案。

〔2〕 江家义男『刑法各論增补版』(青林書院，1963 年)264 頁参照。

〔3〕 团藤重光刑法綱要各論第 3 版(创文社，1990 年)551 頁参照；大塚仁『刑法概说各論第 3 版增补版』(有斐閣，2005 年)173 頁参照。

在不法原因给付劳务或免除不法原因给付的债务的场合中，财产损失的判断则主要以客观价值损失为基础进行整体财产说判断。例如，通过诈骗逃避嫖资给付的行为。需要注意的是，在免除不法财产利益的场合，与不法原因给付的财物具有显著的不同。即使不法原因给付的财物在原因上具有不法性，其客观经济价值也不因此有统计的困难。在现实层面，仍有合法的财物对照。例如，为犯罪而购买的汽车，该汽车的客观价值不会因为不法原因给付而丧失其客观价值性。因合法目的购买的汽车与非法目的而购买的汽车在客观价值上并没有什么不同。

2. 不法原因给付财产利益的损失认定

在免除不法财产利益（不法劳务与不法债务）的场合中，现实层面并没有可以用以对照的客观价值。例如，嫖资并没有合法的卖淫价格进行参照，赌资也并没有合法的赌博债务进行参照。[1] 本书认为，诈骗行为所针对的是不法财产利益的场合中，其财产损失需要进行整体性的判断，无论是嫖资还是赌资，诈骗行为的被害人都不能再合法取得该财产性利益。这是因为，《治安管理处罚法》第 11 条明确规定了嫖资与赌资应当予以收缴。从整体财产说的判断来看，对于不法的财产利益进行收缴，使得诈骗行为的被害人，很难被认定为具有财产损失。例如，行为人 A 与性工作者 B，约定事成之后愿给付 4000 元作为报酬。事后行为人 A 虚构事实、隐瞒真相，逃避进行给付的行为。因此，此案涉及财产性利益，对于财产性利益，财产损失的判断标准应以整体财产说为益。4000 元的嫖资因为《治安管理处罚法》第 11 条的规定，不应当认定为是性工作者 B 应增加而未增加的财产性利益。因此从整体的判断上，诈骗行为的被害人（性工作者 B）没有财产损失。换言之，针对不法原因给付财产利益的诈骗行为，因为不具有财产损害，因而并不符合诈骗罪构成要件的该当性。同时这种认定逻辑，亦符合法秩序统一性的内在要求。

---

[1] 这里主要指的是我国内地（大陆）地区。并不包括我国的港澳台地区。

第三节 本章小结

在不法原因给付与诈骗罪的交叉类型中，学界多以诈骗行为为中心进行分类讨论。但其中分类并不清晰，且多有抵牾。不法原因给付的财物与诈骗罪的主要关联部分在于给付的错误处分财物或财产性利益，因此以给付的对象不同进行划分具有合理性，即将类型划分为财物（金钱），不法原因给付的劳务（应增加而为增加的财产性利益）以及免除的不法原因债务（应减少而未减少的财产性利益）三种。由于在刑法学界，财产损失作为诈骗罪的必要构成要件已经成为共识，整体财产说与个别财产说作为财产损失的两大判断标准，皆有理论上的漏洞与瑕疵。与其采用单一的财产损失判断标准，不如根据财产性质不同分为“财物（包括金钱）”与“财产性利益”两大类，进行不同的具体判断。“财物（包括金钱）”的财产损失以个别财产说为准；不法劳务和不法债务等“财产性利益”则以整体财产说为判断依据。本书对于不法原因给付的财物与诈骗罪的三种交叉类型是否构成诈骗罪的回答是：三种类型皆不构成诈骗罪，但是理由却不相同。具体来说，无论是不法原因给付的劳务，还是免除的不法债务，在整体财产说的判断下，由于没有合法财产利益作为参照物而很难被认定为具有财产损失。因此该两类交叉类型，并不符合诈骗罪的构成要件该当性。

与之相对，不法原因给付的财物（包括金钱）在个别财产说的评价下，侧重于保护财物持有人的“平稳”占有。即使是不法原因给付的财物，也应当纳入财产犯罪的保护范围。而不法原因给付的财物（包括金钱），在损失的计算上亦有相对的合法财物作为参照物进行计算。综上，针对不法原因给付财物的非法获取行为，财产损失的认定不存在障碍，应当肯定诈骗罪的构成要件该当性。然而，在违法性判断上，虽然不法原因“给付”行为与财产的错误“处分”行为往往是同一行为，但不法原因给付人在不法原因给付的认识内容上并不存在瑕疵,因此完全符合不法原因给付。在法律结果上该财物丧失返还请求权,不被民法所保护。按照法秩序统一性,目的矛盾应当被完全排除,因此该行为在刑事违法性评价上,民法评价为不保护的财产,刑法也不应当被保护,该行为在符合诈骗罪的构成要件该当性后,违法性被阻却,所以仍然不构成诈骗罪。当然,不法原因给付的财物受到不法侵害时,仅是针对不构成诈骗罪而言的。如果给付人或者侵害人构成其他犯罪的,仍可以追究其法律责任。

第六章　非法获取不法原因给付物与违禁品

如果说非法获取不法原因给付物与侵占罪、诈骗罪之间属于犯罪对象与犯罪行为的并列关系,那么非法获取不法原因给付物与违禁品就是犯罪对象与犯罪对象之间的包含关系。换言之,因为违禁品是国家不允许一般人所拥有的物品,所以给付的违禁品则一定是不法原因给付物,但不法原因给付物不一定都是违禁品。违禁品的特殊性要求我们对刑法中违禁品的概念进行界定。同时违禁品是否能成为财产犯罪的侵害对象、财产损失应当如何计算等也是理论界必须要回答的问题。

第一节　违禁品概念

在我国《刑法》中,违禁品的概念,仅在第64条中出现一次,即违禁品和供犯罪所用的本人财物,应当予以没收。除此之外,《刑法》条文中并未对违禁品的概念以及范围进行阐释说明。

违禁品出现在日常生活中，往往代指那些违反禁忌的东西，一般指国家禁止私自生产、购买、持有、使用、运输、销售的物品。我国政府规定的违禁品有武器、弹药、爆炸物品（如炸药、雷管、导火索等）、剧毒物品（如氰化钠、氯化汞等）、麻醉剂（如鸦片、海洛因、吗啡等）和放射性物品等。然而，生活中的概念与刑法中的法律概念并不完全相同。日常生活中违禁品概念被大量使用，在生产、运输中，考虑到安全的因素，有时会将打火机、鲜肉等纳入违禁品的范围。例如，在油气生产中打火机就是违禁品，在快递运输中易于腐烂的鲜肉往往也被列入违禁品之列，甚至在邮政运输中，当下流通的货币也被列入违禁品。众所周知，“精确性是法律语言的生命线”〔1〕。对于与公民生命、自由息息相关的刑法而言，法律的用语的准确性无疑是一个值得重视的问题。法律用语源于生活，但不等同于日常用语。考虑到刑法用语的严谨性，在刑事认定时应当与日常用语严格区分。

一、违禁品的范围

那么刑事法律中，违禁品应如何认定其范围？本书认为，《刑法》总则第 64 条的规定，仅规定了违禁品的法律后果——没收，而对于违禁品的刑法内涵应在《刑法》分则中进行界定。涉及违禁品的罪名主要有：第二章危害公共安全罪的 12 条罪名；〔2〕第三章破坏社会主义市场经济秩

---

〔1〕 孙懿华、周广然编著：《法律语言学》，中国政法大学出版社 1997 年版，第 90 页。

〔2〕 《刑法》第 120 条之五强制穿戴宣扬恐怖主义、极端主义服饰、标志罪，第 120 条之六非法持有宣扬恐怖主义、极端主义物品罪，第 125 条第 1 款非法制造、买卖、运输、邮寄、存储枪支、弹药、爆炸物罪，第 125 条第 2 款非法制造、买卖、运输、储存危险物质罪，第 126 条违规制造、销售枪支罪，第 127 条第 1 款、第 2 款盗窃、抢夺枪支、弹药、爆炸物、危险物质罪，第 127 条第 2 款抢劫枪支、弹药、爆炸物、危险物质罪，第 128 条第 1 款非法持有、私藏枪支、弹药罪，第 128 条第 2 款、第 3 款非法出租、出借枪支罪，第 129 条丢失枪支不报罪，第 130 条非法携带枪支、弹药、管制刀具、危险物品危及公共安全罪，第 136 条危险品肇事罪。

序罪的28条罪名;[1]第四章侵犯公民人身权利、民主权利罪的2条罪名;[2]第六章妨害社会管理秩序罪的31条罪名;[3]第七章危害国防利益罪的3条罪名。[4]

以上列举,以有形的实体物为标准,将国家法律明令禁止私人生产、购买、持有、使用、运输、销售的物品所涉及的分则罪名进行了统计。由于罪刑法定的要求,刑法中违禁品所包含的内容,不应当超出《刑法》分

---

〔1〕《刑法》第151条第1款走私武器、弹药罪,走私核材料罪,走私假币罪,第151条第2款走私文物罪,走私贵重金属罪,走私珍贵动物、珍贵动物制品罪,第151条第3款走私国家禁止进出口的货物、物品罪,第152条第1款走私淫秽物品罪,第152条第2款走私废物罪,第170条伪造货币罪,第171条第1款出售、购买、运输假币罪,第171条第2款金融工作人员购买假币、以假币换取货币罪,第172条持有、使用假币罪,第173条变造货币罪,第174条第2款伪造、变造、转让金融机构经营许可证、批准文件罪,第177条伪造、变造金融票证罪,第178条第1款伪造、变造国家有价证券罪,第178条第2款伪造、变造股票、公司、企业债券罪,第206条伪造、出售伪造的增值税专用发票罪,第207条非法出售增值税专用发票罪,第208条非法购买增值税专用发票罪、购买伪造的增值税专用发票罪,第209条第1款非法制造、出售非法制造的用于骗取出口退税、抵扣税款发票罪,第209条第2款非法制造、出售非法制造的发票罪,第209条第3款非法出售用于骗取出口退税、抵扣税款发票罪,第209条第4款非法出售发票罪,第210条之一持有伪造的发票罪,第227条第1款伪造、倒卖伪造的有价票证罪。

〔2〕《刑法》第234条之一组织出卖人体器官罪,第250条出版歧视、侮辱少数民族作品罪。

〔3〕《刑法》第280条第1款伪造、变造、买卖国家机关公文、证件、印章罪,第280条第2款伪造公司、企业、事业单位、人民团体印章罪,第280条第3款伪造、变造、买卖身份证件罪,第280条之一使用虚假身份证件、盗用身份证件罪,第281条非法生产、买卖警用装备罪,第282条第2款非法持有国家绝密、机密文件、资料、物品罪,第283条非法生产、销售专用间谍器材、窃听、窃照专用器材罪,第284条非法使用窃听、窃照专用器材罪,第320条提供伪造、变造的出入境证件罪,出售出入境证件罪,第325条非法向外国人出售、赠送珍贵文物罪,第326条倒卖文物罪,第327条非法出售、私赠文物藏品罪,第329条第1款抢夺、窃取国有档案罪,第329条第2款擅自出卖、转让国有档案罪,第334条第1款非法采集、供应血液、制作、供应血液制品罪,第339条第1款非法处置进口的固体废物罪,第339条第2款擅自进口固体废物罪,第341条第1款非法收购、运输、出售珍贵、濒危野生动物、珍贵、濒危野生动物制品罪,第344条非法收购、运输、加工、出售国家重点保护植物、国家重点保护植物制品罪,第235条第3款非法收购、运输盗伐、滥伐的林木罪,第347条走私、贩卖、运输、制造毒品罪,第348条非法持有毒品罪,第349条窝藏、转移、隐瞒毒品、毒赃罪,第350条非法生产、买卖、运输制毒物品、走私制毒物品罪,第351条非法种植毒品原植物罪,第352条非法买卖、运输、携带、持有毒品原植物种子、幼苗罪,第355条非法提供麻醉药品、精神药品罪,第363条第1款制作、复制、出版、贩卖、传播淫秽物品牟利罪,第364条第1款传播淫秽物品罪,第364条第2款组织播放淫秽音像制品罪。

〔4〕《刑法》第375条第1款伪造、变造、买卖武装部队公文、证件、印章罪,第375条第2款非法生产、买卖武装部队制式服装罪,第375条第3款伪造、盗窃、买卖、非法提供、非法使用武装部队专用标志罪。

则所涉及的范围。换言之，刑法中违禁品的概念的范围外延，应由上述所列举的涵盖《刑法》分则第二、三、四、六、七章的共76个罪名所确定。

二、违禁品的分类

（一）行为类型分类法

《刑法》分则中存在大量涉及违禁品的罪名，将它们以行为人不同的行为结合，可以进行以下分类。（见表6－1～表6－5）

表6－1　禁止私人生产的违禁品

枪支	危险物质	金融机构经营许可证、批准文件
股票	有价票证	国家机关公文、证件、印章
假币	金融票证	公司、企业、事业单位、人民团体印章
毒品	制毒物品	出口退税、扣抵税款发票
弹药	身份证件	歧视、侮辱少数民族作品
发票	警用装备	专用间谍器材、窃听、窃照专用器材
爆炸物	血液制品	种植毒品原植物
淫秽物品	出入境证件	武装部队公文、证件、印章
公司债券	国家有价证券	武装部队制式服装
企业债券	增值税专用发票	武装部队专用标志

表6－2　禁止私人购买（销售）的违禁品

枪支	危险物质	金融机构经营许可证、批准文件
弹药	人体器官	真、假增值税专用发票
爆炸物	身份证件	真、假出口退税、扣抵税款发票
假币	警用装备	伪造的有价票证
发票	文物藏品	国家机关公文、证件、印章
文物	血液制品	专用间谍器材、窃听、窃照专用器材
毒品	国有档案	珍贵文物（向外国非法出售）
制毒物品	出入境证件	珍贵、濒危野生动物及其动物制品

续表

淫秽物品	武装部队制式服装	国家重点保护植物及其植物制品
	武装部队专用标志	盗伐、滥伐的林木
	毒品原植物种子、幼苗	武装部队公文、证件、印章

表 6－3　禁止私人持有（储存、窝藏）的违禁品

枪支	毒赃	宣扬恐怖主义、极端主义物品
弹药	爆炸物	国家绝密、机密文件、资料、物品
假币	危险物品	毒品原植物种子、幼苗
毒品	管制刀具	假发票

表 6－4　禁止私人使用（穿戴、出租、出借、处置、提供、传播、播放）的违禁品

枪支	真、假身份证件	宣扬恐怖主义、极端主义服饰、标志
假币	淫秽音像制品	窃听、窃照专用器材
淫秽物品	武装部队专用标志	进口的固体废物
		麻醉药品、精神药品

表 6－5　禁止私人运输（走私、进口、转移）的违禁品

枪支	毒品	珍贵动物、珍贵动物制品（走私）
弹药	爆炸物	国家禁止进出口的货物、物品
假币	核材料	珍贵、濒危野生动物
文物	固体废物	珍贵、濒危野生动物制品
废物	危险物质	国家重点保护植物、国家重点保护植物制品
毒赃	贵重金属	盗伐、滥伐的林木
	制毒物品	毒品原植物种子、幼苗

（二）绝对违禁品与相对违禁品的分类

理论与司法实践中，直接将违禁品视为财产犯罪的对象，往往是因为其具有财产的基本属性，即违禁品能够满足人的需求和具有经济价值。“违禁品本身也是财物，只不过是一种特殊财物。虽然国家法律明令禁止非法持有或流通违禁品,但‘地下流通’往往是很难禁绝的。因此,违禁品也是一种商品,是一种‘黑色’的商品,并具有经济价值,犯罪分子在盗窃这类物品后出卖,可以获得一定的非法利益。”[1]但仍有不少学者认为,将所有的违禁品都列为财产犯罪的侵害对象并不妥当。

事实上,对于违禁品的分类以有无合法持有为标准可以分为两类:一类为禁止任何人持有的绝对违禁品,如毒品、淫秽物品、假币等。另一类为禁止没有法律依据持有的相对违禁品,如枪支、弹药、爆炸物等。在满足人类需求上大部分违禁品的确都有着普通物品所没有的魔力,但是因其对社会整体的影响往往弊大于利,故国家法律对之或严禁或管制。但是在法律所认可的经济价值上,绝对违禁品与相对违禁品则具有明显的差异。无论是在国家还是在个人层面上,民法均不认可有合法持有绝对违禁品的可能性,拒绝其成为民法财产权的客体。因此绝对违禁品一旦被查处便必须被销毁。国家也没有对绝对违禁品进行没收的必要。所以持有、吸食毒品就不可能是非法占有国家财产或侵吞国家财产。与之相反,相对违禁品往往只是在个人层面被禁止,因此相对违禁品一旦被查处,国家便会启动没收程序将其重新纳入国家的管理范畴。国家对之进行重新的有效监管则意味着国家民法所有权的恢复。[2]

本书赞成对违禁品进行进一步细化区分的观点。细化的违禁品划分有利于我们正确认识违禁品之间的细微差别,更好地把握其中的不同属性。但是本书对于将违禁品以有无法律上的参照物作为区分绝对违禁品与相对违禁品的标准持怀疑态度。实际上违禁品之所以能够存在于人类社会,正是由于违禁品在满足人类欲望上的“功能”,这种“功能”是可以随时被转化成经济价值的。换言之,即使在国家层面拒绝对绝对违禁品的经济价值做出评价,其在黑市中也会表现出经济价值的属性。另外,退一步讲,即使承认绝对违禁品的概念,也仅是理论上的概念。在

---

〔1〕 王作富主编:《刑法分则实务研究》(下),中国方正出版社2003年版,第1239页。

〔2〕 参见胡东飞:《财产犯罪的法益——以刑法与民法之关系为视角》,载赵秉志主编:《刑法论丛》(第2卷),法律出版社2014年版,第301页。

现实生活中,并不存在真正的绝对违禁品。以我们熟知的毒品、淫秽物品以及假币三种绝对违禁品为例,事实上三种绝对违禁品都有合法持有或使用的例外存在。[1] 总而言之,出于医疗、教学、科研等目的,国家在各个层面或多或少地允许了绝对违禁品有合法存在空间。

第二节　给付行为与违禁品

当给付行为与违禁品结合时,则往往形成一个典型的不法原因给付。该给付的违禁品在民法法律效果上呈现出不予返还的法律后果。同时,违禁品相关联的其他犯罪,已经溢出了财产犯罪的管辖范围。因此,从法秩序统一性的角度出发,对于非法获取不法原因给付的违禁品之行为的刑法评价,不但要参考财产犯罪的构成条件,还要兼顾违禁品犯罪成立可能性。

一、财产犯罪与违禁品

(一)作为财产犯罪对象的违禁品

1. 理论中的观点

理论中,对于违禁品能否成为财产犯罪的对象主要有三种观点:

其一,按照传统的本权说或法律的财产说的立场,违禁品属于被国家明令禁止私人生产、购买、销售、持有、使用、运输的物品。而财产犯罪所保护的法益是财产的所有权或者被法律所认可的物品,因此违禁品不

---

〔1〕《禁毒法》第 2 条规定:本法所称毒品,是指鸦片、海洛因、甲基苯丙胺(冰毒)、吗啡、大麻、可卡因,以及国家规定管制的其他能够使人形成瘾癖的麻醉药品和精神药品。根据医疗、教学、科研的需要,依法可以生产、经营、使用、储存、运输麻醉药品和精神药品。《刑法》第 367 条规定:本法所称淫秽物品,是指具体描绘性行为或者露骨宣扬色情的诲淫性的书刊、影片、录像带、录音带、图片及其他淫秽物品。有关人体生理、医学知识的科学著作不是淫秽物品。包含有色情内容的有艺术价值的文学、艺术作品不视为淫秽物品。《人民币管理条例》第 14 条规定:人民币样币是检验人民币印制质量和鉴别人民币真伪的标准样本,由印制人民币的企业按照中国人民银行的规定印制。人民币样币上应当加印"样币"字样。

可能成为财产犯罪的对象。

其二,按照占有说或者经济的财产说的立场,违禁品虽然在所有权或法律认定上有重大瑕疵,但财产犯罪的保护法益是财产秩序或其本身的经济价值,违禁品的平稳占有以及违禁品自身所包含的经济价值仍有值得被保护的余地,因此违禁品可以成为财产犯罪的对象。

其三,按照折中说或者法律的经济财产说的立场,财产犯罪的保护法益应不仅限于合法的财物,还应包含非法的财物。违禁品作为典型的非法财物,理应成为财产犯罪法益保护的对象。

本书认为,从我国的现行法律现状来看,第三种折中说或者法律的经济财产说较为可取。无论是选择本权说或法律的财产说为代表的保守型财产保护理论,还是占有说或者经济的财产说为代表的激进型财产保护理论,都无法摆脱法益保护的不周延性。将违禁品纳入刑法财产犯罪的保护范围符合我国现行的法律规范要求。违禁品虽为法律所禁止之物品,但却依然可以作为财产犯罪的侵害对象。值得注意的是,其所持之理由却大不相同。[1]

2. 实践中的观点

针对违禁品的犯罪,除了被规定在《刑法》分则第二、三、四、六、七章的 76 个罪名外,亦有可能成为《刑法》分则第五章财产犯罪的众多罪名的犯罪对象。传统上认为财产犯罪所保护的法益为财产的所有权。《刑法》第 91 条和第 92 条将公私财产的范围确定为合法财产就是此种观点的刑事立法表征。然而,随着时代的发展以及财产关系的日益复杂化,财产犯罪法益保护仅保护所有权的观点渐渐无法满足社会的财产安全

---

〔1〕 有人认为,行为人可能以占有违禁品为目的,因而违禁品可能成为财产罪的对象;有人认为,违禁品既不是无主物,也不是脱离占有的物,因而能成为财产罪的对象;有人认为,违禁品只有行政法上禁止个人持有的物品,并不妨碍它成为刑法上的财物;还有人认为,没收违禁品需要通过一定的法律程序,在没有通过法律程序还不能没收时,他人的占有是有可能的,故对于没有通过法律程序的夺取行为,应当处罚等。张明楷教授认为:违禁品能够成为刑法上的财物。虽然他人没有占有违禁品的权利,但对于违禁品的没收、追缴必须依照法定程序进行,任何人都不得随意取得他人占有的违禁品,否则就没有财产秩序可言。参见张明楷:《刑法学》(第 5 版),法律出版社 2016 年版,第 936 页。

保护需求。因而,我国司法机关针对涉及违禁品的财产犯罪,出台了大量的司法解释。虽然理论上将刑事立法与司法解释进行了严格的区别,但目前在我国还未建立司法解释监督审查制度的前提下,司法解释实际上已经具备了"准"法律的实质特征。

具体有以下司法解释:

2005 年 6 月 8 日,最高人民法院《关于审理抢劫、抢夺刑事案件适用法律若干问题的意见》第 7 条第 1 款前段规定:"以毒品、假币、淫秽物品等违禁品为对象,实施抢劫的,以抢劫罪定罪;抢劫的违禁品数量作为量刑情节予以考虑。抢劫违禁品后又以违禁品实施其他犯罪的,应以抢劫罪与具体实施的其他犯罪实行数罪并罚。"

2013 年 4 月 2 日,最高人民法院、最高人民检察院出台的《关于办理盗窃刑事案件适用法律若干问题的解释》第 1 条第 4 款规定:"盗窃毒品等违禁品,应当按照盗窃罪处理的,根据情节轻重量刑。"

另外,在司法实务中,通过抢夺、诈骗等非法手段对违禁品进行侵夺行为,也一直被处以抢夺、诈骗等罪[1],而且此做法一直得到上述司法解释的背书支持。

需要注意的是,此处成为问题的是:司法解释到底是提示性规定,还是法律拟制。"法律拟制是指,立法者基于某种价值目的的考虑,不论事实上的真实性,有意用现有的法律概念、法律规范去解释和适用社会生活中出现的新情况、新问题,以将不同事物等同对待并赋予其相同法律效果,从而达到既能适应社会需要又能体现法律基本价值之目的的立法技术或立法活动。"[2]其往往具有拟制事实相异性和引证性两个形式特征,以及假定性、不可反驳性和非普适性 4 个实质特征。[3] 而与之相反,注意规定是指在刑法已经对某一问题作出基本规定的前提下,为避免司

〔1〕 黑龙江省伊春市中级人民法院刑事判决书,(2014)伊刑一初字第 15 号。

〔2〕 刘宪权、李振林:《论刑法中法律拟制的法理基础》,载《苏州大学学报(哲学社会科学版)》2014 年第 4 期。

〔3〕 参见吴波、林振林:《我国刑法总则中的法律拟制规定评析》,载《云南大学学报法学版》2013 年第 6 期。

法工作人员忽略或产生误读，对于其中某些容易被混淆或忽略的情形，又专门独立列出，以提醒司法工作人员注意的规定。注意规定均具有提示性和重复性两个基本特征。[1] 在理论上，根据《立法法》第11条的规定，涉及犯罪和刑罚的规定仅能由法律进行制定。而法律拟制的特征则是将原先不属于犯罪概念视为犯罪，已属于制定新罪的范围。那么鉴于刑事立法与刑事司法解释之间的严格区别，此处的司法解释只能解读为提示性规定。从提示规定的逻辑前提来看，违禁品应当然地属于财产犯罪的保护法益。因此，虽然司法解释中并没有特别指出，抢夺、诈骗、侵占、敲诈勒索、故意毁坏违禁品的应当如何处罚，但如果行为人实施了侵犯财产犯罪的行为，构成相应的财产犯罪不应当存在障碍。

然而，在将上述的司法解释理解为注意规定，同时将财产犯罪的保护法益理解为应然的包括违禁品等非法财物时，依然要面临《刑法》第91条、第92条的仅列举了合法财产的拷问。有学者认为，《刑法》第91条、第92条的规定主要是针对《宪法》第12条、第13条的再确认，其政治意义要远大于其规范意义。无论是司法实践还是刑法理论，都对该两条刑法条文存在的必要性提出了质疑。故此，现行《刑法》第91条、第92条既然不能为刑法分则侵犯财产罪章的财产概念的解释提供规范性指引，甚至在整个刑法典体系中如果不是有害的话至少也不具有任何实际意义，那么无论是学理抑或判例再继续象征性地援引这两条条文作为解释的基础与前提便了无意义，进而主张直接废除这两个条文。[2]

本书赞成将该两条条文认定为具有宣誓意义的宣誓条款，但不赞成将其废除。因为宣誓意义恰恰就是注意规定的特征体现。该两条条文的作用就是提醒法官在构罪和量刑上，应当将侵犯合法财产与非法财产进行区分。例如，针对违禁品的财产犯罪的成立在量上的要求，应注意

---

〔1〕 参见李振林：《刑法中被误读之注意规定辨析》，载《华东政法大学学报》2014年第5期；张明楷：《刑法学》（第5版），法律出版社2016年版，第673～674页。

〔2〕 参见周旋：《我国刑法侵犯财产罪之财产概念研究》，上海，三联书店2013年版，第101～102页。

违禁品数量的多寡（如毒品、淫秽物品、枪支、弹药）、面额大小（如假币）；侵犯合法财产法益侵害性要比侵犯违禁品的法益侵害性要严重，提醒法官在量刑上要有所区别。实际上，《刑法》总则中的注意规定并不少见。众所周知，《刑法》第 198 条第 4 款、第 350 条第 2 款、第 363 条第 2 款及 1998 年 12 月 29 日全国人大常委会《关于惩治骗购外汇、逃汇和非法买卖外汇犯罪的决定》第 1 条第 3 款 4 个条款属于刑法理论中的片面共犯。然而，《刑法》第 25 条第 1 款规定共同犯罪是指二人以上共同故意犯罪。传统观点对共同犯罪的认识往往是需要犯罪行为人之间，形成一个犯罪的整体，彼此配合、互相支持，进行符合犯罪构成要件的行为。然而实践中出现了大量利用他人的犯罪行为来达到自己目的的行为。而被利用者却浑然不知的新的犯罪类型。如果将上述所列举的《刑法》分则中 4 个典型的片面共犯的规定理解为法律拟制，由于法律拟制的非普适性，那么在刑法的运用中，片面共犯的概念射程将仅限于 4 个犯罪罪名。如此一来，将人为扩大刑事处罚的漏洞。例如，典型的"关门杀人"案件：甲见仇人乙被丙持刀追杀，故意在前方将乙必经之路的铁门关死，致使乙被丙追上并杀害。在本案例中，甲对丙的杀人行为成功，有至关重要的作用，然而，丙却对此一无所知。若该行为不按共犯处理，则无法进行法律评价（该行为也不符合间接正犯），刑法中并未设立专门的"关门罪"。"共同故意不仅要求共同犯罪有对自己在实施共同犯罪行为的认识，而且还要求其认识到自己是在与他人共同实施犯罪。只要行为人具有这些认识，就应当认为其主观方面已经符合了理论上对共同犯罪人的要求。至于这种认识是否具有全面性或互相性，则不应该成为硬性要求。"[1]此处的共同故意应包含片面共同故意的情形，因此《刑法》第 25 条亦属提示性规定，其意在提醒法官共犯中一般共犯与片面共犯在故意中的不同。同时量刑上也应有所不同，因为片面共犯往往是帮助犯。

（二）违禁品在财产犯罪中的数额认定

在我国财产犯罪中，不但要求行为符合构成要件该当性，还要求财

---

〔1〕 李振林：《刑法中被误读之注意规定辨析》，载《华东政法大学学报》2014 年第 5 期。

产犯罪的行为侵害的财产达到一定的数额。因而,现实中财产犯罪案件中,总会出现一些特殊的对象使人感到棘手。例如,抢劫、盗窃毒品、淫秽物品等违禁品时,就会让人产生疑问:可以承认违禁品的价格吗?

案例:A、B 是因吸毒而结交的朋友。A 得知 C 在住处藏匿有大量的毒品,随即 B 密谋盗窃该批毒品。于是,B 找到 E 和 F 进行协助盗窃。在某年 9 月中旬的一个晚上,A、B、E、F4 人潜入 C 北京宿舍实施盗窃行为。事后经查明盗走 C 旅行箱一个,箱内装有大量新型毒品 4 万余片重 10 余千克,以及其他合法财物共计千元。

初审法院判定,A、B、E、F4 人共谋窃取毒品的行为,已构成盗窃罪,应负刑事责任。

问题是对盗窃毒品等违禁品构成犯罪的,如何量刑?

有学者认为,对于绝对违禁品,既然国家已经设定了毒品犯罪、淫秽物品犯罪、货币犯罪等侵犯社会法益的犯罪,那么对于盗窃、诈骗毒品的行为就不能认定为盗窃、诈骗罪,而应该根据行为的不同分别以相应的毒品犯罪论处。例如,盗窃、诈骗毒品是为了自己吸食,可以认定为非法持有毒品罪;若是为了贩卖而盗窃、诈骗毒品,则应以贩卖毒品论处。[1]然而,按照最高人民法院编撰的《中国刑事审判指导案例》来看,盗窃毒品的也应当构成盗窃罪。法官应根据《刑法》第 264 条的规定,区分定罪与量刑。其中数额大小和情节的严重程度是盗窃罪量刑档次的重要依据。针对合法财物的盗窃,量刑上并不存在太大的问题。但针对违禁品的盗窃计算起来便往往比较复杂,有时甚至无法计算数额。与相对违禁品现实中一般能找到相应的合法物品作为参照物不同,绝对违禁品很难找到合法的物品作为参照物。例如,毒品等违禁品。因此,最高人民法院的司法解释直接将盗窃毒品的定为盗窃罪,可忽略盗窃数额以情节轻

[1] 参见郭研、时方:《不法原因给付之于诈骗罪问题探讨》,载赵秉志主编:《刑法论丛》(第 4 卷),法律出版社 2015 年版。

重量刑。[1] 然而，司法实践操作中情节轻重灵活性较强，不易统一把握，各案之间的量刑浮动也较大。因此，上述案例中，行为人盗窃毒品4万余片重10余千克，数量属于特别巨大，其盗窃毒品的参考数额也属于特别巨大。[2]

二、不法原因给付视角下的违禁品

（一）不法原因中的原因理论

1. 不法原因中“不法”与“原因”的理解

关于不法原因给付中“不法”的含义，学界有4种见解：(1)认为“不法”包括违反强行法规的规定和违背公序良俗。(2)认为“不法”仅指违背公序良俗，不包括违反强行法规的规定。(3)认为“不法”仅指违背善良风俗的情形，不包括违反强行法规的规定或违背公共秩序。(4)认为“不法”仅包括违背善良风俗。

比较各个国家和地区民事法律对“不法”的规定，既有德国和瑞士等国的立法明确型，也有日本和我国台湾地区的学说确定型。前者例如《德国民法典》在第134条和第138条中明确规定行为构成不法就是指违反强行法规的规定和违反公序良俗；后者则仅学说上对“不法”进行广义与狭义的理解，狭义上认为行为“不法”是指违反了公共秩序和善良风俗，而广义上行为“不法”不仅包括狭义的内容，还包括违反强行法规的规定。

在我国，对于“不法”含义的理解必须与我国现行法律的规定相一致。我国2020年《民法典》第143条明确规定，民事法律行为有效须不违反法律、行政法规的强制性规定，不违背公序良俗。综上所述，我国民法对于“不法”的规定属于德国、瑞士等国的立法明确型。因此本书对不

---

〔1〕 最高人民法院在《全国部分法院审理毒品犯罪案件工作座谈会纪要》第1条第6款规定，盗窃、抢夺、抢劫毒品的，应分别以盗窃罪、抢夺罪或者抢劫罪定罪，但不计犯罪数额，根据情节轻重予以定罪量刑。

〔2〕 参见本书编写组：《中国刑事审判指导案例4》，法律出版社2017年版，第234～237页。

法原因给付中“不法”的探讨范围应当涵盖违反强行法之规定以及违背公序良俗。

2. 两种原因理论的评析

原因理论根据产生的时间先后顺序，历经客观原因论到主观原因论的变迁历程。客观原因理论视合同目的为真正的原因，亦是针对债的发生原因的回答。鉴于目的的客观属性，同类型合同之间其目的往往具有一致性。这种客观原因理论摆脱了罗马法以及中世纪原因理论在道德性伦理上的束缚。“原因”（近因）和“动机”（驱动原因）不再混淆在一起。法律上只认可近因具有使债权产生的效力。至于作为驱动原因的动机，则因为其因人而异的特征，在合同成立的过程中被客观原因理论排除在考察范围之外。因此，在客观原因理论中，合同订立的动机不影响合同的成立。在客观原因理论的学者看来，如果合同双方真正有创设法律关系的自由，那么，法律就不应当去考虑当事人实施某种行为的具体理由。对动机的探究是对个人主义思想背道而驰，法官的权力只应限于对已订立的合同的“客观因素”进行审查，这些仅因合同类型不同而有所不同的客观因素，对任何合同当事人来说都是毫无区别的。因此，原因的抽象概念把法官对合同中的诚信、正义以及合道德性的控制权限制在最小范围，从而使当事人的同意成为合同的唯一根源，这正适应了自由主义经济和自由主义政治哲学的要求。[1] 该理论被《法国民法典》吸收和采纳。

主观原因理论认为原因应当包括当事人通过订立契约所欲达到的最终目的，这种隐藏在直接目的后面的最终目的因人而异，极具主观性的特点，被称为契约的“远因”，如订立房屋出卖契约的最终目的是将出卖房屋所得的价款拿去炒股票。[2] 之所以会出现这样的转变，一方面是因为客观原因理论由于自身的缺陷，没有发挥其应有的作用，再加上现代民法强调保护社会利益的呼声甚高，其已经失去了存在的合理

---

〔1〕 参见尹田：《法国现代合同法》，法律出版社1999年版，第159页。

〔2〕 参见尹田：《法国现代合同法》，法律出版社1999年版，第158、163页。

性[1];另一方面虽然在表面上法律构成被说成是纯粹的逻辑操作,但法律本身的正当性问题似乎并不能完全排除道德伦理因素的考虑。正如马克斯·韦伯(Max Weber)在总结自然法的作用时所指出的那样,实证法本身需要一个道德基础,从而以其指导和约束法律的制定和实施,同时,实证法也需要一种价值理性来证明其正当性。[2]

综上所述,客观原因与主观原因具有明显的区别。主观原因理论强调公共利益的保护,赋予原因以主观性,将当事人订立合同、作出允诺的“动机”纳入法律行为效力赋予的考察范围。具体地说,主观原因理论认为原因是包括近因与远因两种意义上的原因。前者与客观原因理论关于“原因”的认识相同,仅因合同的类型的不同而不同,具有抽象性、客观性的特点。后者即动机,指的是当事人具体缔结合同的个人目的,具有具体性、主观性的特点。[3] 若当事人的这种主观目的违背法律或道德时,便不能产生当事人所追求的效果。此种对原因合法性的控制,就是允许对当事人个人动机的审查。[4] 诚如梁慧星教授所言,民法之所以区别于技术规则和经济规则,关键在于民法本身蕴含着对社会正义的追求。就现代民法而言,其理念已由形式正义转向实质正义。[5] 我国民法制度的建设正处于近代民法向现代民法的转型期,当顺应此历史潮流的要求,在法律行为制度的构造上,必须追求其效力正当性之实质正义根源,并以其中隐含的“法伦理性原则”为出发点,拟制或借鉴某种由功能决定的概念,以有效地建构该制度体系中各规范群的意义脉络。[6] 因

---

[1] 参见谭启平:《不法原因给付及其制度构建》,载《现代法学》2004 年第 3 期。

[2] 参见郑戈:《韦伯论西方法律的独特性》,载李猛编:《韦伯:法律与价值》,上海人民出版社 2001 年版,第 92 页。

[3] 参见谭启平:《不法原因给付及其制度构建》,载《现代法学》2004 年第 3 期。

[4] 参见徐涤宇:《法国法系原因理论的形成、发展及其意义》,载《环球法律评论》2004 年第 4 期。

[5] 参见梁慧星:《从近代民法到现代民法——20 世纪民法回顾》,载梁慧星主编:《民商法论丛》(第 7 卷),法律出版社 1997 年版,第 233 页以下。

[6] 参见徐涤宇:《原因理论研究——关于合同(法律行为)效力正当性的一种说明模式》,中国政法大学出版社 2005 年版,第 312 页。

此，本书赞成主观原因论的观点，主观原因理论对动机的细致考察，加强了合同行为的可责难性，符合现代民法对公共利益周全保护的指导思想，兼顾了意思自治与社会秩序。这也为本书之后区分被害人参与型与被害人不参与型财产犯罪提供了理论支撑。

这里需要注意的是，原因不法并不能完全被标的不法、标的物不法所代替。即使在偶然的情况下一个法律行为可能造成同时三者的不法，例如枪支、毒品等违禁物品的买卖行为，原因不法也应与后两者进行严格的区分。这是因为在大部分市场行为中，标的、标的物往往是合法的，但原因（动机）却是不法的，如为制造假冒伪劣产品而签订的房屋租赁合同。如果忽视原因不法，则合同有效，租赁方则只是对房屋进行了不当的使用，仅属于违约行为。若按照原因不法，则直接导致合同无效。

（二）范围

1. 财产犯罪的中的违禁品

随着刑法教义学的发展，刑法学者们开始渐渐关注作为“被害人”的行为，在犯罪中的作用。而这种关注“被害人”在刑法中作用的教义学，被称为被害人教义学。“在刑法教义学的理论视域中，被害人教义学是颇具特色的子学科，其溯源于犯罪学中的被害人学，从被害人视角切入刑法问题，将传统的行为人单维视角的理解模式，改变为‘行为人—被害人’双维视角的理解模式。”[1] 众所周知，《刑法》分则第五章中，分布着不同的13个罪名，分别为抢劫罪、盗窃罪、诈骗罪、抢夺罪、聚众哄抢罪、侵占罪、职务侵占罪、挪用资金罪、挪用特定款物罪、敲诈勒索罪、故意毁坏财物罪、破坏生产经营罪以及拒不支付劳动报酬罪。

理论中也常常根据所采取的理论与标准的不同，将财产犯罪分成不同的类型。德日等大陆法系国家常见的分类有以下几种：(1) 取得罪与毁弃罪。前者如盗窃罪，后者如故意毁坏财物罪。(2) 直接取得罪与间接取得罪。此种划分以赃物罪视为财产罪为前提，如果不认为赃物罪是

---

[1] 车浩：《被害人教义学在德国：源流、发展与局限》，载《政治与法律》2017年第10期。

财产罪,则此种分类无存在的意义。(3)占有转移罪与占有不转移罪。前者如盗窃罪、抢劫罪,后者如侵占罪。(4)违反意思罪与利用瑕疵意思罪。前者如抢劫、盗窃,后者如诈骗罪、敲诈勒索罪。(5)财物罪与利益罪。此种划分以财物与财产性利益在《刑法》分则的区别对待为前提,如果刑法分则中无区别,则此种划分无意义。(6)动产罪与不动产罪。以侵害的对象为动产还是不动产为划分标准。前者如盗窃罪、抢劫罪,后者如诈骗罪、不动产侵夺罪(日本刑法罪名)。(7)对个别财产的犯罪与对全体财产的犯罪。前者如盗窃罪、抢劫罪,后者如背信罪(日本刑法罪名)。(8)对所有权的犯罪与对财产的犯罪。前者包括盗窃、侵占等罪,不以实际的财产损害结果的发生为成立条件,后者包含诈骗罪等罪。[1]

在我国刑法理论中,亦有学者根据我国的罪名特点进行了划分。有学者以犯罪目的进行划分,将财产犯罪分为三类:以非法占有为目的的犯罪(如抢劫、盗窃、抢夺、敲诈勒索等罪);以挪用为目的的犯罪(如挪用资金罪、挪用特定款物罪);以破坏为目的的犯罪(故意毁坏财物罪、破坏生产经营罪)。[2] 有学者以行为方式的不同,将财产犯罪分为五种类型:(1)暴力、胁迫型,包括抢劫、抢夺、聚众哄抢、敲诈勒索等罪;(2)窃取、骗取型,包括盗窃罪、诈骗罪;(3)侵占、挪用型,包括侵占罪、职务侵占罪、挪用资金罪、挪用特定款物罪;(4)毁坏、破坏型,包括毁坏财物罪、破坏生产经营罪。[3] 还有学者主张,对财产罪从不同角度按不同的标准可以划分以下不同种类:(1)侵犯单一客体的犯罪与侵犯复杂客体的犯罪;(2)一

---

[1] 参见刘明祥:《财产罪比较研究》,中国政法大学出版社 2001 年版,第 2~5 页。

[2] 参见高铭暄主编:《新编中国刑法学》,中国人民大学出版社 1998 年版,第 761 页。

[3] 参见张明楷:《刑法学》(下),法律出版社 1997 年版,第 762 页。另外,值得注意的是,此种分类是张明楷教授的早期财产罪划分方式。现在张明楷教授主张将财产罪分为五类展开论述:(1)盗窃罪与侵占罪。盗窃罪的对象是他人占有的财物,与之相反,侵占罪的对象是行为人自己占有他人财物或者是所有权人丧失占有的财物。(2)抢劫罪与抢夺罪(包括聚众哄抢罪)。二者均为夺取罪,虽有相同之处但也存在明显差异。(3)诈骗罪与敲诈勒索罪。二者都是基于被害人的意思瑕疵而交付财物的犯罪。(4)职务侵占罪与挪用罪(包括挪用资金罪与挪用特定款物罪)。这是职务型的财产犯罪,行为主体必须具有特殊身份。(5)毁坏罪与拒付报酬罪(包括故意破坏财物罪、破坏生产经营罪与拒不支付劳动报酬罪)。张明楷:《刑法学》(第 5 版),法律出版社 2016 年版,第 939 页。

般主体犯罪与特殊主体犯罪;(3)侵犯一般财物的犯罪与侵犯特殊财物的犯罪;(4)取得罪、挪用罪与毁坏罪。[1]

实际上,从以上中外刑法理论界对财产犯罪的分类来看,不同的角度出发,采用不同的标准,往往得出不同的分类。所有的分类都是为了让我们更好地了解财产犯罪。正如刘明祥教授所指出的那样,“分类的目的是揭示不同类型的财产罪的特征,以便把不同的财产罪区别开来。在一国之内,究竟采用哪些分类方法才比较合适,这又同该国的刑事立法和刑法理论有密切的关系。”[2]本书对此深表赞同。随着被害人对定罪量刑的作用被我国学者所重视,财产犯罪的分类也应当有所体现。因此,以犯罪有无被害人参与为标准,可将 13 个财产罪划分为两类:一类为被害人参与型,如诈骗罪、侵占罪。在诈骗罪中要以被害人受骗进行给付为前提,同时理论上还要求被害人所产生的错误认识必须是由犯罪行为人的行为所引起的。同样,在委托物侵占罪中,侵占财物的前提必须由被害人进行委托,无委托的财物要么仅构成遗忘物、埋藏物侵占罪,要么构成其他财产犯罪。另一类为无被害人参与型,如盗窃罪、抢夺罪、抢劫罪等其他 11 个财产犯罪罪名。在这一类犯罪中,犯罪行为人要么通过暴力行为排除被害人参与,要么通过秘密窃取行为让被害人无法参与。被害人作为纯粹的受害人,基本不在犯罪构成中发挥作用。将被害人行为纳入财产罪的类型划分标准,一方面可以将传统的行为人单维视角的理解模式,改变为“行为人—被害人”双维视角的理解模式,这才是被害人教义学的概念应当承载的使命和理论目标。被害人教义学能够在规范层面上理解并规范化地处理被害人行为对行为人的影响,通过一般性的理论构建回应被害人的规范需求。一个更具包容性和解释力的被害人教义学理论体系将给未来的刑法理论革新带来深刻的影响[3]。

---

〔1〕 参见赵秉志:《侵犯财产罪》,中国人民公安大学出版社 1999 年版,第 26 ~28 页。

〔2〕 刘明祥:《财产罪比较研究》,中国政法大学出版社 2001 年版,第 7 页。

〔3〕 参见车浩:《被害人教义学在德国:源流、发展与局限》,载《政治与法律》2017 年第 10 期。

另一方面,可以进一步划定不法原因给付与财产犯罪的交叉点大小。不法原因给付中的“给付”常常与诈骗罪中的财产处分以及侵占罪中的财产委托产生关联。换言之,当错误处分的财物和委托的财物是违禁品时,鉴于违禁品具有显著的违反强制法规属性,这种处分财物的行为亦同时兼具不法原因给付的行为样态。

如此一来,便能解释为什么大部分学者在论述不法原因给付的时候,多选择不法原因给付与诈骗罪、不法原因给付与侵占罪的论述模式。这是因为在没有被害人参与的财产犯罪中,不可能存在不法原因给付。综上所述,不法原因给付与财产犯罪的交叉点范围,应限制在被害人参与型的诈骗罪与侵占罪的范围内。

2. 不法原因给付行为中的违禁品范围

原本违禁品作为一个法律概念,应具备一定的明确性。然而法律上并未就违禁品的具体内容作出明确的规定。从词义学的角度来看违禁品,一般指国家禁止私自生产、购买、持有、使用、运输、销售的物品。然而,概念的描述依然过于抽象且宏观。如何具体和微观地把握违禁品的概念外延,无疑成为罪刑法定原则能否被贯彻的前提条件。根据上文对《刑法》分则的梳理,将违禁品的概念由抽象转为具体、由宏观转为微观,不但是刑事法律概念准确性的内在要求,还是罪刑法定原则被贯彻的保障。

在《刑法》分则中,涉及违禁品的罪名涵盖《刑法》分则第二、三、四、六、七章的76个罪名。其中根据涉及违禁品的行为类型又可分为生产、购买(销售)、持有(储存、窝藏)、使用(穿戴、出租、出借、处置、提供、传播、播放)、运输(走私、进口、转移)五大类。那么产生问题的是,既然不法原因给付中“给付”行为,实际上就是购买(销售)行为,那么与不法原因给付相关联的违禁品犯罪,所涉及的违禁品是否也仅仅是购买(销售)中的违禁品?换言之,不法原因给付所涉及的违禁品范围是否仅被限于购买(销售)中的31种的范围内?也许会有人认为,从违禁品在市场上流通的流程来看,往往存在一个生产、运输、购买、持有、使用的过程。从不法原因给付中“给付”发生的流通环节来看，也只可能发生在违禁品的购买环节。因此，不法原因给付相关的违禁品范围应当仅限于购买（销售）中的31种违禁品。本书认为这种观点并不妥当。实际上，不法原因给付的违禁品范围应与《刑法》分则所确定的违禁品范围一致。不应将不法原因给付的对象限于《刑法》分则中购买（销售）的31种违禁品的范围内。《刑法》分则之所以将违禁品分为生产、购买（销售）、持有（储存、窝藏）、使用（穿戴、出租、出借、处置、提供、传播、播放）、运输（走私、进口、转移）五大类，是由于刑法理论一直以来皆以行为为中心进行定罪和量刑。当某一行为严重危害到国家、社会、个人法益时，立法者便会通过刑事立法，将该行为纳入刑法的规制范围内。同时，因为不同的行为对法益侵害的程度并不相同，通过进一步对行为进行类型化，能够在罪名的法定刑体现出轻重有别，以凸显立法者对于不同法益，重视程度的差别。反观不法原因给付制度的设立的初衷，无非是为了避免在民法中出现一方面评价为不保护，另一方面评价保护的法秩序矛盾问题。

因此，就不法原因给付而言，其所关心的是给付的对象是否为违禁品，是否评价在法秩序上会产生矛盾，而不是像刑法那样，专注于行为在定罪、量刑中的作用。既然《刑法》分则已经对违禁品的具体范围进行划定，那么不法原因给付的“给付”行为的对象也应涵盖所有违禁品。

（三）侵害对象为违禁品时的教义学分析

从不法原因给付的视角出发，财产犯罪可分为被害人参与型与无被害人参与型两种。当一件案件所涉及的侵害对象为违禁品时，各行为人构成何罪，如何处罚无疑成为刑法教义学最为关心的问题。本书拟从不法原因给付的视角展开以下分析。

1. 被害人不参与型财产犯罪与违禁品犯罪

典型的被害人不参与型财产犯罪为盗窃罪、抢劫罪、抢夺罪以及职务侵占罪等罪。犯罪人在实施侵害行为时，违禁品的占有或持有人仅作为纯粹的被害人而存在，并不参与到犯罪的因果流程之中。就不法原因给付的构成机理而言，不法原因所形成的给付行为，需要给付人与给付相对人的互动。因此在涉及被害人不参与型的财产罪中,并没有不法原因给付存在的余地。既然不法原因给付在被害人不参与型财产犯罪中不发挥作用,那么在该类型财产犯罪的违法性判断上法秩序统一原理也将不再是障碍。换言之,当行为人针对违禁品进行盗窃、抢劫、抢夺、职务侵占等被害人不参与型财产犯罪时,理应构成相应的盗窃罪、抢劫罪、抢夺罪、职务侵占罪等财产犯罪。同时随着上述财产犯罪的成立,犯罪行为人对于违禁品的持有、使用等具有必然因果关系或不具有期待可能性的后续行为,一般也被认为是不可罚的事后行为而不再被数罪并罚。理论上不可罚的事后行为是指前行为以及其后续行为均独立构成犯罪,但仅处罚前行为,后续行为不再单独处罚的情形。理论上设立不可罚的事后行为的目的在于尽力确保刑法评价的全面性和不重复性。例如,行为人盗窃他人持有或占有的毒品,因为盗窃行为与持有行为之间往往具有必然的因果联系,因此持有毒品罪被盗窃罪吸收,行为人按盗窃罪定罪处罚。

另外,需要注意的是,盗窃财物后所进行的销赃、转移赃款、赃物行为,一般也被认定为不可罚的事后行为,而仅对犯罪行为人处以盗窃罪。然而,盗窃毒品、枪支等违禁品后所进行的销售、转移等行为,依然构成贩卖毒品、枪支罪,走私毒品、枪支罪,运输毒品、枪支罪等罪,并且需要与之前所犯的财产犯罪数罪并罚。之所以会产生如此的不同,原因在于法律对于普通物品与违禁品的法律期待有所差异。就普通物品而言,法律并未禁止普通物品的买卖、转移等行为,因此当盗窃行为人对盗窃而来的普通物品进行买卖、转移时,法律上并不具有期待可能性,因此该后续行为属于不可罚的事后行为;与之相反,就违禁品而言,法律明确禁止违禁品在市场上的销售、转移等行为,因此当盗窃行为人对盗窃而来的违禁品进行买卖、转移等行为时,法律上则具有期待可能性,该后续行为不属于不可罚的事后行为。该后续行为构成的违禁品犯罪应与之前的盗窃罪一起进行数罪并罚。

进一步需要指出的是,虽然被害人不参与型财产犯罪中,被害人作为纯粹不利后果承担者有值得同情的一面,但是被害人仍可以构成违禁品犯罪。例如,被害人所持有或占有的毒品被犯罪分子盗窃、抢劫、抢夺时,被害人应构成持有毒品罪。如果事后查明该毒品为被害人生产所得,被害人还应构成制造毒品罪。如果事后查明该毒品为被害人走私所得,那么被害人还应构成走私毒品罪。以此类推。

2. 被害人参与型财产犯罪与违禁品犯罪

典型的被害人参与型财产犯罪为诈骗罪和侵占罪。就诈骗罪与侵占罪的成立机理而言,脱离了被害人的参与(处分行为或委托行为),则很难说侵财行为人可以被评价为诈骗罪或侵占罪。反观不法原因给付的成立要件,当给付行为(处分行为或委托行为)所指向的财物为违禁品时,则该给付行为无疑符合不法原因给付的构成要件。此时,被害人在犯罪过程中参与,激活了不法原因给付在侵犯财产犯罪中刑事违法性阻却功能,以实现调和法秩序矛盾的目的。换言之,当行为人针对违禁品进行诈骗或侵占时,鉴于被害人错误处分的财物或事前委托的财物为违禁品,进而构成不法原因给付,对于该违禁品被害人则不具有返还请求权,民法上不予保护。虽然财产犯罪所保护的法益,既包含合法财产,也包含非法财产,但是不能将法益保护的范围代替犯罪构成要件的判断。针对违禁品而实施的诈骗行为或侵占行为,无疑符合诈骗罪或侵占罪的构成要件该当性,但是由于被害人参与了违禁品的给付,阻却了诈骗行为或侵占行为的刑事违法性,使得侵财行为人的行为无法构成侵占罪或诈骗罪。这样的刑事司法认定虽然避免了"拒不退还"、"诈骗公私财物",同时又是违禁品的尴尬,保全了法秩序的统一,但是是否造成刑事保护上的处罚漏洞依然被众多学者们所关心。本书认为,不将针对违禁品的诈骗或侵占行为以财产犯罪论处并不会造成新的处罚漏洞。这是因为,当侵财行为人得手后,对违禁品的持有则是必然的。例如,当行为人诈骗被害人毒品并得手。即使行为人事后不做任何事情,也应当构成《刑法》第 348 条规定的非法持有毒品罪。如若诈骗行为人在诈骗毒品得手后,又进行了贩卖、运输等《刑法》规定的违禁品犯罪,相关的违禁品犯罪应与之前的非法持有毒品罪数罪并罚。例如，行为人骗得毒品后，将该毒品转卖他人，则该行为构成《刑法》第348条规定的非法持有毒品罪与第347条贩卖毒品罪数罪并罚。

另外，由于在被害人参与型财产犯罪中，违禁品的给付人，即不法原因的给付人，已经在犯罪因果流程留下深深的痕迹。作为违禁品的最初持有人，如果违禁品为给付人生产所得，则应构成生产违禁品相关的犯罪。例如，《刑法》第125条第1款非法制造枪支、弹药、爆炸物罪，第347条制造毒品罪等。此外，虽然违禁品的给付人在被害人参与型财产犯罪中亦属于被害人，但其对违禁品进行的买卖行为亦具有可罚性。例如，毒品的给付人在毒品交易中被骗，此种情况则属于贩卖毒品的客观不能，理应构成《刑法》第347条贩卖毒品罪的未遂。总之，违禁品的给付人，虽然在诈骗或侵占行为中属于被害人，但其在违禁品犯罪中的行为理应进行刑事归责。

第三节　本章小结

生活中的违禁品概念与法律中的违禁品概念存在很大的差异。造成这种差异性的原因一方面是违禁品概念的模糊性，另一方面则是不同领域中概念的范围常根据其概念使用领域而发生变化，具有很大的不稳定性。然而，就作为刑事法律用语的违禁品而言，明确的概念外延是刑事责任归责的前提。如何界定违禁品概念的范围大小，不但是刑事处罚正当性的必然要求，还是罪刑法定原则贯彻的前提保障。从《刑法》分则具体罪名中划定违禁品的范围，不但有刑事立法的支撑，还可以使抽象且宏观的违禁品概念向具体且微观的方向转变。根据统计，在《刑法》分则中，涉及违禁品的罪名涵盖《刑法》分则第二、三、四、六、七章的76个罪名。其中根据涉及违禁品的行为类型又可分为生产、购买（销售）、持有（储存、窝藏）、使用（穿戴、出租、出借、处置、提供、传播、播放）、运输

(走私、进口、转移)五大类。总之,刑事法律中违禁品的概念范围不应当超出《刑法》分则所规定的物品种类范围之外。

现有的刑法理论研究中,学者们根据不同的角度出发,采用不同的标准,往往得出不同的财产犯罪分类。被害人教义学的崛起,有利于我们进一步重视被害人在犯罪因果流程中的作用。将我国《刑法》分则第五章侵犯财产罪中的 13 个财产罪划分为被害人不参与型与被害人参与型两类有其合理性,不法原因给付仅在被害人参与型财产犯罪中产生阻却刑事违法性的作用。如果行为人针对违禁品进行被害人不参与型财产犯罪时,行为人构成相应的财产犯罪,且与之后的违禁品犯罪(持有型违禁品犯罪除外)数罪并罚;如果行为人针对违禁品进行被害人参与型财产犯罪时,行为人不构成相应的财产犯罪,但是仍应构成违禁品持有型犯罪,并与其他违禁品犯罪数罪并罚。被害人参与型财产犯罪时,就被害人而言,既是财产犯罪的受害人,又是不法原因给付的给付人,虽然遭到了侵财行为侵害,但其违禁品给付行为仍具有刑事处罚的必要。所以,被害人仍构成买卖违禁品犯罪的未遂。如果构成其他违禁品犯罪的,则与买卖违禁品犯罪未遂数罪并罚。

结 语

不法原因给付的财物和财产犯罪涉及刑民交错的问题。该问题直接表现为民法不保护的利益刑法是否应当保护。由于我国立法中并不存在不法原因给付制度,解决该问题必须首先解决在对我国法律解释之际应否承认其是我国法律的实然制度。如果承认,则进一步的问题则是不法原因给付刑法评价的应然立场是什么,应当如何根据此应然立场解决更具体的问题。通过本书的考察可以获得以下结论:

1. 从解释论的视角看,不法原因给付的场合民法上应当否定返还请求权的法律后果,属于我国民法中的实然制度。

2. 不法原因给付刑法评价涉及的核心问题是如何划定刑法自主性的界限。对此应当在坚持法秩序统一性原则的基础上违法判断的相对性。

3. 由于财产犯罪的保护法益是折中说抑或法律的经济财产说,可以认为侵害不法原因给付物的情形该当相应犯罪的构成要件不违背法秩序的统一性原则。如此一来,侵害民法不予保护利益,并不必然构成犯罪,也不必然不构成犯罪,究竟构成犯罪与否,必须在违法性评价层面具体探讨。这样处理,一方面可以避免完全否定构成要件该当性导致的处罚漏洞的问题,另一方面也可以避免完全肯定构成要件该当性可能导致的处罚不妥当的问题。在体系构成上也不违背法秩序统一性原则的基本要求。

4. 由于民法对某一利益不加保护,意味着在民法上的可罚评价的降低,因此,在刑法上,其同样影响刑事可罚性的大小。对于究竟如何影响刑事可罚性,必须根据不同犯罪类型、涉及的犯罪对象,做出不同的评价,不能一概而论。

参考文献

一、著作及译著类

1. 王泽鉴:《不当得利》,北京大学出版社2009年版。

2. 王泽鉴:《债法原理》(第2册),中国政法大学出版社2002年版。

3. 王泽鉴:《民法学说与判例研究》(第2册),北京大学出版社2009年版。

4. 郑玉波:《民商法问题研究(一)》,台北,永裕印刷厂1991年版。

5. 周枏:《罗马法原论》,商务印书馆1994年版。

6. 尹田:《法国现代合同法》,法律出版社1995年版。

7. 杨桢:《英美契约法论》,北京大学出版社1997年版。

8. 梁慧星:《民法总论》(第6版),法律出版社2021年版。

9. 史尚宽:《债法总论》,葛支松校勘,中国政法大学出版社2000年版。

10. 刘宪权:《刑法学名师讲演录》(总论第2

版),上海人民出版社 2016 年版。

11. 张明楷:《法益初论》,中国政法大学出版社 2000 年版。

12. 张明楷:《刑法学》(下),法律出版社 1997 年版。

13. 张明楷:《刑法学》(第 5 版),法律出版社 2016 年版。

14. 周光权:《刑法各论》,人民大学出版社 2011 年版。

15. 周旋:《我国刑法侵犯财产罪之财产概念研究》,上海,三联书店 2013 年版。

16. 黄荣坚:《刑法问题与利益思考》,台北,元照出版社 2001 年版。

17. 李海东:《刑法原理入门:犯罪理论基础》,法律出版社 1998 年版。

18. 林山田:《刑法特论》(上册),台北,三民书局 1978 年版。

19. 刘言浩:《不当得利的形成与展开》,法律出版社 2013 年版。

20. 刘志伟:《侵占犯罪的理论与司法适用》,中国检察出版社 2000 年版。

21. 陈兴良:《规范刑法学》,中国政法大学出版社 2003 年版。

22. 刘明祥:《财产罪比较研究》,中国政法大学出版社 2001 年版。

23. 李文峰:《贪污贿赂犯罪认定实务与案例解析》,中国检察出版社 2011 年版。

24. 林纪东:《法学通论》,台北,远东图书公司 1953 年版。

25. 徐涤宇:《原因理论研究——关于合同(法律行为)效力正当性的一种说明模式》,中国政法大学出版社 2005 年版。

26. 赵秉志:《侵犯财产罪》,中国人民公安大学出版社 1999 年版。

27. [意]杜里奥·帕多瓦尼:《意大利刑法原理》,陈忠林译评,中国人民大学出版社 2004 年版。

28. [德]海因·克茨:《欧洲合同法》(上卷),周忠海、李居迁、宫立云译,法律出版社 2001 年版。

29. [德]卡尔·恩吉施:《法律思维导论》,郑永流译,法律出版社 2008 年版。

30. [德]米夏埃尔 · 马丁内克:《德意志法学之光——巨匠与杰作》,田士永译,法律出版社 2016 年版。

31. [德]乌尔斯 · 金德霍伊泽尔:《刑法总论教科书》,蔡桂生译,北京大学出版社 2015 年版。

32. [意]彼得罗 · 彭梵得:《罗马法教科书》,黄风译,中国政法大学出版社 1992 年版。

33. [奥]凯尔森:《法与国家的一般理论》,沈宗灵译,中国大百科全书出版社 1996 年版。

34. [日]前田雅英:《日本刑法各论》(第 2 版),董璠兴译,台北,五南图书出版公司 2000 年版。

35. [日]大谷实:《刑法讲义各论》,黎宏译,中国人民大学出版社 2008 年版。

36. [日]大塚仁:《刑法概说各论》(第 3 版),冯军译,中国人民大学出版社 2009 年版。

37. [日]山口厚:《刑法各论》,王昭武译,中国人民大学出版社 2011 年版。

38. [日]我妻荣:《我妻荣民法讲义 V4 债权各论》(下卷一),冷罗生等译,中国法制出版社 2008 年版。

二、编著类

1. 高铭暄主编:《新编中国刑法学》(下册),中国人民大学出版社 1998 年版。

2. 高铭暄、马克昌主编:《刑法学》(第 7 版),北京大学出版社、高等教育出版社 2016 年版。

3. 高铭暄、马克昌主编:《刑法学》(下编),中国法制出版社 1999 年版。

4. 刁荣华主编:《现代刑法基本问题》,台北,汉林出版社 1981 年版。

5. 刘宪权主编:《刑法学专题理论研究》(第 2 版),上海人民出版社

2012 年版。

6. 王锐生、薛文华主编:《马克思主义哲学原理》,高等教育出版社 1993 年版。

7. 顾军主编:《侵财犯罪的理论与司法实践》,法律出版社 2008 年版。

8. 赵秉志主编:《中国刑事法案例与学理研究》(第 4 卷),法律出版社 2004 年版。

9. 林亚刚主编:《贪污贿赂罪疑难问题研究》,中国人民公安大学出版社 2005 年版。

10. 张文显主编:《法理学》,高等教育出版社、北京大学出版社 1999 年版。

11. 陈兴良主编:《刑法学》,复旦大学出版社 2006 年版。

12. 王作富主编:《刑法分则实务研究》(下),中国方正出版社 2003 年版。

13. 张明楷编著:《外国刑法纲要》(第 2 版),清华大学出版社 2007 年版。

14. 孙懿华、周广然编著:《法律语言学》,中国政法大学出版社 1997 年版。

三、杂志类

1. 郭研、时方:《不法原因给付之于诈骗罪问题探讨》,载《刑法论丛》2015 年第 4 期。

2. 谭启平:《不法原因给付及其制度构建》,载《现代法学》2004 年第 3 期。

3. 刘明祥:《论侵吞不法原因给付物》,载《法商研究》2001 年第 2 期。

4. 刘明祥:《德日刑法学中的财产罪保护法益问题之比较》,载《华中理工大学学报(社会科学版)》2000 年第 1 期。

5. 刘明祥：《论诈骗罪中的财产损害》，载《湘潭工学院学报（社会科学版）》2001 年第 1 期。

6. 童伟华：《日本刑法中“不法原因给付与侵占”述评》，载《环球法律评论》2009 年第 6 期。

7. 童伟华：《财产罪的法益——修正的“所有权说”之提倡》，载《安徽大学法律评论》2009 年第 1 期。

8. 王昭武：《日本刑法中侵占盗窃赃物或销赃所获价款的行为与侵占罪》，载《山东警察学院学报》2005 年第 4 期。

9. 王昭武：《法秩序统一性视野下违法判断的相对性》，载《中外法学》2015 年第 1 期。

10. 王骏：《不法原因给付问题的刑民实像——以日本法为中心》，载《法学论坛》2013 年第 3 期。

11. 王骏：《财产权区分制与财产罪法益观》，载《法学》2015 年第 11 期。

12. 李齐广、谢雨：《论刑法中的不法原因给付与侵占罪》，载《政治与法律》2010 年第 5 期。

13. 陈灿平：《谈侵占罪中刑民交错的两个疑难问题》，载《法学》2008 年第 4 期。

14. 王钢：《不法原因给付与侵占罪》，载《中外法学》2016 年第 4 期。

15. 王钢：《不法原因给付对于认定财产犯罪的影响——立足于财产概念与“非法”占有的考察》，载《法学家》2017 年第 3 期。

16. 王钢：《德国业务性促进自杀罪评析》，载《比较法研究》2016 年第 5 期。

17. 洪学军：《论不法原因给付》，载《河北法学》2003 年第 3 期。

18. 覃远春：《论不法原因给付向自然债的适度转化——兼谈我国民法对二者的规定与完善》，载《前沿》2011 年第 15 期。

19. 郭晓红、徐光华：《不法原因给付与侵占罪——基于实践中典型案件同案异判所引发的思考》，载《厦门大学法律评论》2013 年第 1 期。

20. 陈莺:《试论不法原因给付制度在我国建立的必要性——以因婚外情而为的给付为视角》,载《黑河学刊》2009 年第 7 期。

21. 张鸣起:《〈中华人民共和国民法总则〉的制定》,载《中国法学》2017 年第 2 期。

22. 李爱平:《英美违法合同禁止返还规则的例外》,载《环球法律评论》2013 年第 6 期。

23. 李永军、李伟平:《论不法原因给付的制度构造》,载《政治与法律》2016 年第 10 期。

24. 沈建峰、梁颖:《论约因与原因——一个比较法的视角》,载《求是学刊》2005 年第 6 期。

25. 郑玉波:《论赌债》,载《法学丛刊》1976 年第 1 期。

26. 马寅翔:《冒用电商平台个人信用支付产品的行为定性——以花呗为例的分析》,载《法学》2016 年第 9 期。

27. 田宏杰:《行政犯的法律属性及其责任——兼及定罪机制的重构》,载《法学家》2013 年第 3 期。

28. 陈少青:《法秩序的统一性与违法判断的相对性》,载《法学家》2016 年第 3 期。

29. "法学本科专业多学科课程间交叉渗透的研究与实践"课题组:《法学专业课程交叉渗透的教学模式探究——以刑法课程为例》,载《海峡法学》2015 年第 4 期。

30. 董玉庭:《论法律原则》,载《法制与社会发展》1999 年第 6 期。

31. 梁根林:《责任主义原则及其例外——立足于客观处罚条件的考察》,载《清华法学》2009 年第 2 期。

32. 王琳:《论法律原则的性质及其适用——权衡说之批判与诠释说之辩护》,载《法制与社会发展》2017 年第 2 期。

33. 杜文俊:《我国财产犯罪法益保护理论再考察及修正——以审判实践及本土刑法文化为视角》,载《政治与法律》2016 年第 3 期。

34. 杜文俊:《财产犯刑民交错问题探究》,载《政治与法律》2014 年第6期。

35. 陈洪兵:《经济的财产说之主张》,载《华东政法大学学报》2008年第1期。

36. 陈洪兵:《财产罪法益的所有权说批判》,载《金陵法律评论》2008年第1期。

37. 江溯:《财产犯罪的保护法益:法律—经济财产说之提倡》,载《法学评论》2016年第6期。

38. 张明楷:《论诈骗罪中的财产损失》,载《中国法学》2005年第5期。

39. 张明楷:《实质解释论的再提倡》,载《中国法学》2010年第4期。

40. 任永前:《论诈骗罪中的财产损失》,载《法学杂志》2015年第5期。

41. 车浩:《占有概念的二重性:事实与规范》,载《中外法学》2014年第5期。

42. 车浩:《占有不是财产犯罪的法益》,载《法律科学(西北政法大学学报)》2015年第3期。

43. 车浩:《被害人教义学在德国:源流、发展与局限》,载《政治与法律》2017年第10期。

44. 陈文昊:《我国不宜采取法律·经济财产说的分析框架》,载《陕西行政学院学报》2017年第1期。

45. 周威坤:《不法原因给付与诈骗罪》,载《福建警察学院学报》2011年第3期。

46. 陈灿平:《谈侵占罪中刑民交错的两个疑难问题》,载《法学》2008年第4期。

47. 高国其:《论侵占罪中的占有与代为保管》,载《政治与法律》2014年第4期。

48. 蔡桂生:《刑法中侵犯财产罪保护客体的务实选择》,载《政治与法律》2016年第12期。

49. 周光权:《侵占罪疑难问题研究》,载《法学研究》2002 年第 2 期。

50. 周光权:《论内在的客观处罚条件》,载《法学研究》2010 年第 6 期。

51. 冯洁语:《论原因理论在给付关系中的功能》,载《华东政法大学学报》2014 年第 3 期。

52. 魏东、曾成峰:《侵占罪犯罪对象问题研究——以不法原因给付的财物能否成为侵占罪犯罪对象为视角》,载《西南石油大学学报(社会科学版)》2016 年第 2 期。

53. 丁胜明:《刑法教义学研究的中国主体性》,载《法学研究》2015 年第 2 期。

54. 柏浪涛:《构成要件符合性与客观处罚条件的判断》,载《法学研究》2012 年第 6 期。

55. 孙国祥:《"截贿"行为的刑法性质辨析》,载《法治研究》2016 年第 1 期。

56. 熊明明:《侵占型"截贿"行为的刑法规制》,载《人民检察》2016 年第 11 期。

57. 付立庆:《论刑法介入财产权保护时的考量要点》,载《中国法学》2011 年第 6 期。

58. 陈兴良:《罪刑法定主义的逻辑展开》,载《法制与社会发展》2013 年第 3 期。

59. 雷磊:《法律概念是重要的吗》,载《法学研究》2017 年第 4 期。

60. 蔡唱:《公序良俗在我国的司法适用研究》,载《中国法学》2016 年第 6 期。

61. 刘宪权、李振林:《论刑法中法律拟制的法理基础》,载《苏州大学学报(哲学社会科学版)》2014 年第 4 期。

62. 李振林:《刑法中被误读之注意规定辨析》,载《华东政法大学学报》2014 年第 5 期。

63. 吴波、林振林:《我国刑法总则中的法律拟制规定评析》,载《云南大学学报法学版》2013 年第 6 期。

64. 罗艳娟:《论不法原因给付》,载《江汉大学学报(社会科学版)》2009 年第 4 期。

65. 徐涤宇:《法国法系原因理论的形成、发展及其意义》,载《环球法律评论》2004 年第 4 期。

四、文集类

1. [德]许迺曼:《不移不惑献身法与正义》(论文集),许玉秀、陈志辉合编,台北,新学林出版公司 2006 年版。

2. 胡东飞:《财产犯罪的法益——以刑法与民法之关系为视角》,载赵秉志主编:《刑法论丛》(第 2 卷),法律出版社 2014 年版。

3. 郑戈:《韦伯论西方法律的独特性》,载李猛编:《韦伯:法律与价值》,上海人民出版社 2001 年版。

4. 梁慧星:《从近代民法到现代民法——20 世纪民法回顾》,载梁慧星主编:《民商法论丛》(第 7 卷),法律出版社 1997 年版。

五、学位论文类

1. 扈玉龙:《不法原因给付的法理基础与规则设定》,西北师范大学 2011 年硕士学位论文。

2. 马志锰:《不法原因给付之研究》,台湾大学 1968 年硕士学位论文。

3. 肖宝:《不法原因给付在诈骗罪中的处理》,清华大学 2015 年硕士学位论文。

六、外文论著类

1. [日]谷口知平:《不法原因给付的研究》(第 3 版),有斐阁 1970 年版。

2. [日]竹田直平:《刑法と近代法秩序》,成文堂 1988 年版。

3. [日]生田胜义:《可罰的な違法性》,《刑法基本讲座》(第 3 卷),法学书院 1994 年版。

4. [日]前田雅英:《可罰的違法性の研究》,东京大学出版会 1982 年版。

5. [日]前田雅英:《刑法各論講義》,东京大学出版会 1996 年版。

6. [日]前田雅英:《刑法各論講義》,东京大学出版会 1999 年版。

7. [日]前田雅英:《Lesson 刑法 37》,立花書房 1997 年版。

8. [日]山口厚:《刑法各論》,有斐閣 2003 年版。

9. [日]山口厚:《刑法各論》,有斐阁 2005 年版。

10. [日]阿部纯二:《刑本基本講座》,法学書院 1993 年版。

11. [日]佐伯仁志、道垣内弘人:《刑法と民法の対話》,有斐閣 2001 年版。

12. [日]林幹人:《財産罪の保護法益》,東京大学出版会 1984 年版。

13. [日]林幹人:《不法原因給付と横領罪・詐欺罪》(法学教室別冊,刑法の基本判例),有斐閣 1988 年版。

14. [日]泉二新熊:《日本刑法論》(下编),有斐閣 1921 年版。

15. [日]牧野英一:《重訂日本刑法》(下卷),有斐閣 1938 年版。

16. [日]牧野英一:《刑法各論》(下卷),有斐閣 1951 年版。

17. [日]木村亀二:《刑法各論》,日本評論社 1938 年版。

18. [日]泷川幸辰:《刑法各論》,世界思想社 1951 年版。

19. [日]法曹同人法学研究室:《詳説刑法各論》,法曹同人 1990 年版。

20. [日]木村光江:《財産犯論の研究》,日本评论社 1988 年版。

21. [日]西田典之:《刑法各論》(第 2 版),成文堂 2002 年版。

22. [日]西田典之:《刑法各論》,弘文堂 2005 年版。

23. [日]铃木享子:《財産犯の保護法益》,法学書院 1993 年版。

24. [日]曾根威彦:《刑法各論の重要問題》,成文堂 1996 年版。

25. [日]齐藤信治:《刑法各論》(第 2 版),有斐阁 2003 年版。

26. [日]日高义博:《違法性の基礎理論》,イウス出版社 2005 年版。

27. [日]大塚裕史:《刑法各論の思考方法》,早稲田経営出版 2010

年版。

28. [日]东京りーがルマインド编著:《刑法Ⅲ〈各论〉》,株式会社东京りーがルマインド2006年版。

29. [日]大塚仁:《刑法概説各論改訂版》,有斐阁1987年版。

30. [日]大塚仁:《刑法概説》(各論),有斐阁1996年版。

31. [日]大塚仁:《刑法概说》(各論),有斐阁2005年第3版增补版。

32. [日]大谷实:《刑法各論講義》,成文堂2002年版。

33. [日]福田平著:《刑法各論》,有斐阁2002年版。

34. [日]佐久间修:《刑法各論》(第2版),成文堂2012年版。

35. [日]团藤重光:《刑法綱要各論改訂版》,创文社1985年版。

36. [日]团藤重光:《刑法綱要》(各論)(第3版),创文社1990年版。

37. [日]江家义男:《刑法各論》,青林書院1963年增补版。

38. Karl Binding, *Handbuch des Strafrechts*, Erster Band, Leipzig: Dunker & Humblot, 1885.

39. Heinrich Honsell, *Die Rückabwicklung sittenwidriger oder verbotener Geschäfte: eine rechtsgeschichtliche und rechtsvergleichende Untersuchung zu § 817 BGB*, München: C. H. Beck, 1974.

40. Karl Larenz, *Lehrbuch des Schuldrechts*, Bd. 2. 13. Aufl., München: C. H. Beck, 1986.

41. Karl Binding, *Grundriss zur Vorlesung über gemienes deutsches Strafrecht*, Leipzig: Engelmann, 1896.

42. Klaus Tiedemann, *in Leipziger Kommentar*, 11. Aufl., Berlin: De Gruyter, 2005.

43. Hans Welzel, *Das deutsche Strafrecht*, 11. Aufl., Berlin: Walter de Gruyter, 1969.

44. Fanz von Liszt, *Lehrbuch des deutschen Strafrechts*, 21./22. Aufl., Berlin: De Gruyter, 1919.

45. Claus Roxin, Grundlagen, *der Aufbau der Verbrechenslehre*,

München: Beck, 1992.

46. M. E. Mayer, *Der AllgemeineTeil des deutschenStrafrechts*, 2. aufl. , Heidelberg: Winter, 1923.

47. Schwab, *in*: *MünchenerKommentar BGB*, Band 5, 6. Aufl. , München: C. H. Beck, 2013.

七、外文论文类

1. [日]岛田聡一郎:《いわゆる"刑法上の所有権"について—財産犯における"刑事法と民事法の相関"の—断面—》,《现代刑事法》第6卷6号(2004年)。

2. 林幹人:《不法原因給付における給付の意義一批判に答えて》,《上智法学论集》第45卷第2号(2001年)。

3. [日]坂井爱:《不法原因給付と诈欺罪》,《日本法学》第73卷3号(2008年)。

4. *Phillip Heck*, Die Ausdehnung des §817 S. 2 auf alleBereicherungsansprüche, in: Archiv für die civilistische Praxis, 1925.

5. *Lars Klöhn*, Die Kondiktionssperre gem. § 817 S. 2 BGB beimbeidseitigenGesetzes-und sittenverstoß: EinBeitragzurSteuerungsfunktion des Privatrechts, in: AcP, 2010.

6. *Barbara Dauner*, Der Kondiktionsausschluß gemäß §817 Satz 2BGB-Aktuelle Tendenzen im Bereich der Rückabwicklung sittenwidriger oder verbotener Geschäfte, in: Juristische Zeitung, 1980.

7. Juliet P. Kostritsky, *Illegal Contracts and Efficient Deterrence: A Study in Modern Contract Theory*, Iowa Law Review, 1988.

8. Roy Kreitner, *The Gift Beyond The Grave: Revising The Question of Consideration*, 2001.

9. James Gordley, *Enforcing Promises*, in California Law Review, 1995.

后　记

在希腊神话中，造人的不是至高无上的神——宙斯，而是反抗宙斯的意图因而受到酷刑惩罚的普罗米修斯。这要比基督教的创世说包含更多的真理。人类的诞生是反抗上帝意志的结果。

——周国平《人与永恒》

本书是在我的同名博士论文的基础上修改而成的。毕业五年后再次修改自己的论文，仿佛又回到2018年的那个盛夏。对于一个即将毕业的“老”学生来说，六月是一个承载太多喜怒哀愁的月份。六月就像一个美丽的间隔号，从此我们告别了纯情的青春和一段轻狂的岁月，同时也开始了另外一段不一样的美妙旅途。毕业前的这些日子，时间过得好像流沙，看起来漫长，却又无时无刻不在逝去。想挽留，一伸手，那些沙子就从指缝间漏掉了。毕业答辩、散伙宴席、收纳行李、各奔东西。一切似乎都在按预想的进行，一切似乎又都走得太过无奈。

每一天我们都在万航渡路1575号的一栋栋教学楼前驻足，然后合影留念。当我们的眼中映满了晶莹的液体，我们才终于发现华政园里的老师们、同学们以及身边的朋友比想象中更加和善、更加可爱。而华政燥热的夜晚，每一次都让人觉得温柔如风。图书馆副楼里为考博而战的场景仿佛还在昨天，东风楼里刘老师办公室的开门声，以及于老师爽朗的笑声，在这一瞬间都亲切得让人热泪盈眶。一幕幕的场景就像一张张绚丽的剪贴画，串联成一幕即将谢幕的电影，播放着曾经的快乐和忧伤，记录着曾经的青春和过往。

回想高二前的记忆，CS、传奇、奇迹世界以及火影忍者才是一个处于青春期男孩全部的生活，那些光怪陆离的校园怪谈吸引着我全部的精力。学习成绩垫底的压力，远没有手上网络小说马上就要完结了所带来的困扰大。好好学习也只是停留在母亲耳边不停唠叨。如果没有高一学期末的一场小手术，也许我会欣然接受“大男孩”命运的安排。不知是医生忘记了打麻药，还是麻药失效了，简单的手术变成了一场“活体解剖”，撕心裂肺的吼叫声响彻了整个手术室。当我被从手术室推出来时，看见等候在外面的母亲心疼地哭成了泪人。那一刻我突然意识到，自己作为这个女人唯一的儿子，承载了她全部的爱与希望，容不得有半点闪失。心里默默发誓不再让母亲流一滴眼泪。那之后，我抛开全部杂念，全力以赴备战高考，然而现实并不是总像电视剧那样，努力便会有好结果。“合抱之木，生于毫末；九层之台，起于累土；千里之行，始于足下。”现实告诉我即使你付出百分之二百的努力，给自己的也许仅仅是一个改变命运的机会。因为严重的偏科对于河南高考生来说无疑是致命的，省内普通本科与复读是我为数不多的两个选择。性格倔强的我选择了升学之路，同时也开启了负笈求学的“困难模式”。

吸取了基础薄弱的教训，大二时便早早做好了长期规划，国家司法考试与考取名校硕士。有赖于本科前三年的知识积累，大四毕业时我顺利地通过了国家司法考试。但是考研却比我想象中的要困难很多，一来考研需要考英语，二来出身校在复试中并不占优势。经过与父母商议，决定远赴东瀛求学。本科毕业同年 10 月，我拎着简单的行李，孤身一人飞往东京求学。按照日本留学的学制,给我的时间并不多,十月生需要在一年的时间内翻越语言和专业课两大难关。日语零基础的我靠着小窝和语言学校两点一线的生活,半年内考过了日语 N2(硕士毕业后又考过了日语最高级 N1)。令人头疼的是研究生入学的专业课考试,实在是无从下手,只能硬着头皮去背日本的法律用语辞典。其间,又经历了中日钓鱼岛争端、日本 3·11 大地震、从来没见过的美国大蟑螂以及严重的脱发,总之借用傅园慧的话就是"我已经用了洪荒之力!鬼知道我经历了什么,真的太辛苦了"。好在结果还不错,我考取了日本法科名校中央大学的刑事法学科院生并获得了新生入学奖学金。2011 年 11 月,记得发榜那天约了韩国同学裴相俊去学校看录取名单,坐在京王线的电车上激动地想象着考上之后的林林总总,然而当看到自己考号的一刹那,心情却又平静了。给父母打了国际电话,回到小窝倒头便睡了两天。在日本学习刑法期间,多受导师只木诚先生的照顾,不但在中日关系紧张期间把我叫到办公室,安慰我不要担心,要好好学习,还将我叫到他家里吃地道的德国料理。毕业之前又把我约到他和师母相识的饭店大吃了一顿,饭后对我说希望我能像自荐信说的那样,成为中日之间的桥梁。只木先生お世話になっております,ありがとうございました(谢谢您一直以来的关照)。

2014 年硕士毕业归国后,我对刑法学产生了浓厚兴趣,萌生了攻读博士的想法。经上海大学的赵辉老师推荐,决定报考同样具有留学日本背景的于改之老师的博士。但是命运跟我开了一个小小的玩笑,根据华政的招生政策,海外留学的硕士需要在 2014 年博士报名时取得教育部的学历认证证明书。也就是说,2014 年我并没有博士考试资格。承蒙于改之老师不弃,多次帮我向学校确认该制度有无变通的可能性。在得到否定答复后,又将我推荐给刘宪权老师,"免费"蹭了刘老师的博士课和硕士课,让我提前了解国内的刑法理论动向以及华政刑法特色。又经过一年努力,我于 2015 年顺利拜入于改之老师门下。先生对学术的高要求,让我在学术论文写作中受益颇多。同时在生活上的照顾,让我很快地融入并适应了上海的生活。读博几年中,自己都已经不记得吃过先生多少次饭了。再次感谢于改之先生包容缺点那么多的我,使我能在学习和生活中快乐成长。2018 年毕业后,于老师始终关心我的学术发展与教学成长,每次回沪总会与我促膝长谈,对我的困惑指点迷津,对我的困难全力帮助。于老师的知遇之恩,学生将永远铭记于心。唯有在将来的工作中加倍努力,教书育人,以报恩师的培养、提携之恩。

特别感谢刘宪权老师,中山公园中的暴走团"团长",每天下午 4 时 30 分准时出发,督促着我们东风楼的小伙伴,劳逸结合,锻炼身体。快走后的东风楼 243 茶话会,最新刑法修正案的得与失,人工智能的刑事责任能力分担以及华政的校史都是我们交谈的话题。我看待问题的角度也不知不觉地多了起来。

感谢华东政法大学杨兴培教授、郑伟教授、卢勤忠教授、孙万怀教授、邱格屏教授、林荫茂教授、张勇教授,感谢各位老师长久以来对我的无私教导与鼓励,使我能初窥刑法学的奥妙浩瀚与博大精深。

三年的华政园生活不但收获了知识,还收获了友谊。感谢我的博士同学胡荷佳、李腾、张士彬、王思维、周立波、郭大磊、钱松、葛立刚、张庆立,感谢你们一直以来对我的关爱与照顾,愿我们的同窗之谊永不变。感谢蒋太珂、安然、叶琦、冯国波、王越、吕小红、练泰霖、黄云飞、徐洋洋、万涛、王超凡、张金钢、周煜、吴昊、王伟、孙艳、郑亚楠、王丹、王硕、刘子巍、陈颖、王梦娇、汪琪、韩宗冲、王珺蕙、虞梦宇、梁哲、陈子薇、于双哲、孙小佳、贺欣怡、蒙德华、胡世伟、马晓萌、冯冰茹、王广利、徐砚陶、闫晓晓等同门师兄弟姐妹,感谢于门大家庭在异乡时时刻刻给我带来的温暖。感谢李振林、周舟、金华捷、吴舟、朱彦、黄楠、黄河、李舒俊、房慧颖、何俊、张弘、刘环宇、林雨佳、谢非、温健行等学长学姐学弟学妹们的鼓励和支持,让我在华政读书的过程中体会到前所未有的快乐,我会时时想念你们。

一切仿佛像一首没有写完的诗,刚要匆匆开始,又要匆匆告别。未来就如天空中飘浮的云彩,从毕业的那天起我们就开始了追逐云彩的旅程。坐在东风楼 238 的窗边，许多往事透明，如此刻若有若无的灰尘。我知道，那些荒唐的、搞笑的、忧郁的、飞扬的、愤怒的、喜悦的无比快乐的时光，就这样一去不复返了，而那些放肆的幸福，我想以后也不会再有了。但我会用心记住每个人的样子，记得那些青春的容颜，记得那些生命中最美的回忆，最永恒的怀念。下一站不知道还会有什么样的风景，突然想到舒婷《神女峰》的开头：

在向你挥舞的各色花帕中
是谁的手突然收回
紧紧捂住自己的眼睛
当人们四散离去，谁
还站在船尾
衣裙漫飞，如翻涌不息的云

癸卯年五月九日晚
郑州龙子湖畔